全国老年大学规划教材

U0725176

老年人

国际象棋

教程

谢军 编著

人民邮电出版社

北京

图书在版编目（CIP）数据

老年人国际象棋教程 / 谢军编著. -- 北京 ：人民
邮电出版社，2024.7
ISBN 978-7-115-62528-1

Ⅰ.①老… Ⅱ.①谢… Ⅲ.①国际象棋－教材 Ⅳ.
①G891.1

中国国家版本馆CIP数据核字(2023)第161261号

免 责 声 明

内 容 提 要

国际象棋是人类智慧的试金石，老年朋友常下国际象棋可以锻炼思维，增强记忆。本书由国际象
棋世界冠军、"棋后"谢军基于各地老年大学的培训课程安排编著而成。全书共 16 课，首先介绍了国
际象棋的起源和发展、国际象棋的文化内涵、学国际象棋的益处，然后从认识棋盘和棋子、棋谱的记
录方法、棋子的走法、吃法和特点等基础入门知识讲起，涵盖胜负判定、和棋判定、残局基础知识、
中局基础知识、开局基本原理等学会下国际象棋必备的核心内容。本书旨在帮助老年人快速学会下棋，
进一步提高棋艺水平。

本书适合有兴趣从零开始学习国际象棋的老年读者自学，也可作为各地老年大学、棋类协会开展
老年人国际象棋培训的教材。

◆ 编　　著　谢　军
　　责任编辑　裴　倩
　　责任印制　彭志环

◆ 人民邮电出版社出版发行　　北京市丰台区成寿寺路 11 号
　　邮编　100164　电子邮件　315@ptpress.com.cn
　　网址　https://www.ptpress.com.cn
　　天津千鹤文化传播有限公司印刷

◆ 开本：787×1092　1/16
　　印张：9.75　　　　　　　　2024 年 7 月第 1 版
　　字数：111 千字　　　　　　2024 年 7 月天津第 1 次印刷

定价：38.00 元

读者服务热线：**(010)81055296**　印装质量热线：**(010)81055316**
反盗版热线：**(010)81055315**
广告经营许可证：京东市监广登字 20170147 号

目 录

第 1 课　国际象棋简介

学习重点

1. 了解国际象棋的起源和发展路径
2. 认识棋盘、棋子，熟记棋子名称

一、国际象棋简介

国际象棋的英文是Chess，原意指"将死对方的王"，是目前世界上最盛行的棋种之一，为了与中国象棋相区别，所以称为国际象棋。

1. 国际象棋是全世界范围内最受欢迎的棋类项目之一

国际象棋是历史最悠久、开展最广泛、拥有爱好者最为众多的世界性竞技项目之一。国际象棋原是供皇家消遣的宫廷游戏，在文艺复兴时期，它是骑士必修的七大艺术之一。1924年，国际象棋成为奥林匹克运动会的比赛项目，来自18个国家的50多名棋手参加了在巴黎举行的第八届奥运会国际象棋项目的比赛。比赛结束后的第三天，它的世界性组织——世界国际象棋联合会（简称"国际棋联"）宣告成立，现在已经成为拥有超过200个成员国（地区）的单项国际体育组织，国际象棋爱好者遍布全球。

2. 国际象棋拥有丰富的文化内涵

古往今来，没有一个体育娱乐项目像国际象棋那样，被赋予如此丰富的象征意义和具有如此浓厚的文化根蒂。从砰然落子的一刹那开始，棋局对决便以万千变化呈现在我们面前：进攻与防御，捕获与牺牲……凡此种种，当棋手拈子行棋之前，肃杀之气已悄然袭上心头。

国际象棋中的马，英文为 Knight，意为骑士，被塑造成一匹昂首长嘶、奋蹄疾驰的骏马。

车，英文为 Rook，意为城堡，被描绘成一座高墙四耸、坚不可摧的城堡。

象，英文为 Bishop，意为教士，被塑造成披上了圣衣圣帽，主教大人的模样。

兵，英文为 Pawn，意为步兵，就是人类战争史上必不可少但不起眼的那个小人物。

王，英文为 King，意为国王，乃一局棋胜负的象征，享有至高无上的权力。王被俘，一方就亡国输棋，另一方则赢得战斗。

后，英文为 Queen，意为王后，充分体现出国际象棋文化的性别尊重，战斗力相当于两个车、双象一马或双马一象。

兵　车　马　象　王　后

兵　车　马　象　王　后

3. 国际象棋是集竞技性、艺术性和科学性为一体的智力项目

曾获得过世界冠军和担任过国际棋联主席的荷兰数学家尤伟博士在自己的一本著述中是这样说的："国际象棋将竞技、艺术和科学融为一炉。其中，竞技约占1/2，艺术和科学约各占1/4。"

说国际象棋是一项竞技体育运动，是因为它需要所有体育项目都必须具备的意志品质、心理素质和强健体魄。由于国际象棋是面对面直接分胜负的对抗性项目，又受规则的控制和时间的限制，所以竞技所占的比重较大。

说国际象棋是一门文化艺术，是因为它需要丰富的想象力、敏锐的洞察力和独特的创造力，即文学、美学等艺术所必须具备的形象思维。

说国际象棋是一类思维科学，是因为它需要客观判断局势，严密制订计划和精确计算变着的能力，即数学、军事等科学所必须具备的逻辑思维能力。

正因为国际象棋需要体育、艺术和科学等方面的能力，并把它们融为一体，所以它是最能淋漓尽致地展示人的个性、体现人的智谋才华的综合性体育竞技项目。

二、国际象棋的起源

根据可靠的文字记载，国际象棋至少已经有一千五百年的历史。尽管对于它的最早发源地和诞生年代，至今仍然众说纷纭、莫衷一是，但基本上公认的说法是"起源于亚洲，兴旺于欧洲，十五世纪末、十六世纪初定型为现制"。

1. 国际象棋的传说故事

关于国际象棋的起源，曾经有种种美妙的传说，其中一个著名的传说是这样的：古代印度的一个国王，他拥有至高无上的权力和难以比拟的财富，但是他对生活感到厌倦，渴望着新鲜的刺激。

有一天，来了一位老人，他带着自己的发明——国际象棋来朝见国王。国王对这新奇的玩意非常喜欢，就与老人对弈起来。国王感到非常满足，就对老人说道："你给了我无穷的乐趣。为了奖赏你，我现在决定，你可以从我这儿得到你想要的任何东西。"

老人慢条斯理地回答道："您虽然是世界上最富有的人，恐怕也满足不了我的要求。"国王不高兴了，严厉地说道："说吧，哪怕你要的是半个王国。"

于是，老人说出了自己的要求："请大王下令在棋盘的第一个格上放一粒小麦，在第二个格上放两粒小麦，在第三个格上放四粒，第四个格上放八粒，就这样每次增加一倍，一直到放满六十四个格为止。"

国王不禁笑了起来，认为这件事情简直不值得一提。他立即命人取一袋小麦来，按照老人的要求数给他，但是存放在国库里的小麦都搬空了，还没到棋盘上的第四十格，国王认为老人是在戏弄他，就下令把老人杀了。

其实，老人的话没有错，他的要求的确是满足不了的。根据计算，棋盘上六十四个格子上小麦的总数将是一个二十位数，折算为重量，大约是四千亿吨。即使现在，全世界小麦的年产量也达不到这个数。

2. 国际象棋的起源与演绎

按照比较可信且有文物资料支持的说法，国际象棋起源于大约公元五、六世纪的印度东北地区。当时它被称之为"恰图兰卡"（梵语），在今天的一些东南亚国家的国际象棋协会的名称上还可以看到这种称谓。"恰图兰卡"的梵文意思是"四军棋"。所谓"四军"，指的是当时印度陆军的四支部队：步兵队、骑兵队、战车队、大象队。

"恰图兰卡"的进一步发展是"恰图兰格"（波斯语），据传是由印度外交官们把这种棋戏带到波斯（即现在的伊朗）的，并同样成为"宫廷游戏"。阿拉伯人征服波斯后，从那里学会了它，把它改造成为"沙特兰兹"（阿拉伯语），改造的"沙特兰兹"很快在阿拉伯上层社会中流行。

"沙特兰兹"比起"恰图兰卡"，在棋子和规则上有了很大的发展和改变。棋子已经扩展为王、臣（士）、车、马、象、兵共计六种，双方各三十二个棋子，棋盘为六十四格，已经具备现代国际象棋的规模了，只是走法还不太一样，尤其是双方棋子在很长时间内不能接触，对局进展缓慢。

通过贸易、战争、宗教和外交等不同途径和渠道，原始国际象棋由东方逐渐向西方传播，传播路线大致是：印度——波斯——中亚——阿拉伯国家——欧洲。直至十五世纪、十六世纪之交，"沙特兰兹"定型为今日样式的现代国际象棋。

三、学国际象棋的益处

学习国际象棋的益处可以归纳为五个短句，二十个字："提高智力，培养意志，陶冶情操，交流文化，调剂身心"。

1. 提高智力

下国际象棋需要很强的分析、判断和解决问题的能力。通过下国际象棋，人们可以锻炼这些关键的智力技能，从而提高智力。

2. 培养意志

下国际象棋需要坚持不懈的韧性、自律的精神和科学决策的能力。这些素质都是意志力的重要组成部分，通过下国际象棋，人们可以锻炼和提高这些能力，进而培养和增强意志力。

3. 陶冶情操

下国际象棋还需要耐心、谦虚、诚实、勇气等品质。通过下国际象棋，人们可以锻炼这些品质，从而提高情操修养。

4. 交流文化

国际象棋是一项全球性的智力运动，世界各地都有其爱好者和专业选手。通过下国际象棋，人们可以互相交流文化，了解不同地区的人们的思维方式和智慧。同时，国际象棋也是一种无语言障碍的交流方式，这使得文化交流更加便捷和深入。

5. 调剂身心

下国际象棋可以给人带来愉悦感和放松感，有助于缓解压力、消除疲劳和焦虑。同时，下国际象棋还可以提高自信心和自尊心，使人更加积极向上。这些因素的共同作用，最终可以调剂身心，促进身心健康。

随堂练习

1. 请你说出以下图案中，哪一个是世界国际象棋联合会及中国国际象棋协会的会标？

（1）

（2）

（3）

（4）

2．请你通过互联网或书籍，查找更多关于国际象棋的历史文化故事，更好地理解文明瑰宝的内涵。

3．请你查阅资料，将国际象棋在中国的发展进行梳理，列举夺得女子世界冠军的棋手的名字。

第2课 认识棋盘和棋子

一、国际象棋的棋盘

国际象棋是由双方对弈的。一方执白棋，叫作白方；另一方执黑棋，叫作黑方。按国际象棋的规则，对局由白方先走，黑方后走，双方轮流走棋，每次走一步（着），直到对局结束为止。

走棋或行棋，就是在棋盘上移动棋子，因此，我们首先要熟悉棋盘和棋子。

1．初识棋盘

国际象棋棋盘形状为正方形，材料和样式多样，大小不一。棋盘等分为64个方格，分为浅色格（称为白格）和深色格（称为黑格），两种格子交替排列。棋子在方格上活动，每一方的右下角必须是白格（图1）。

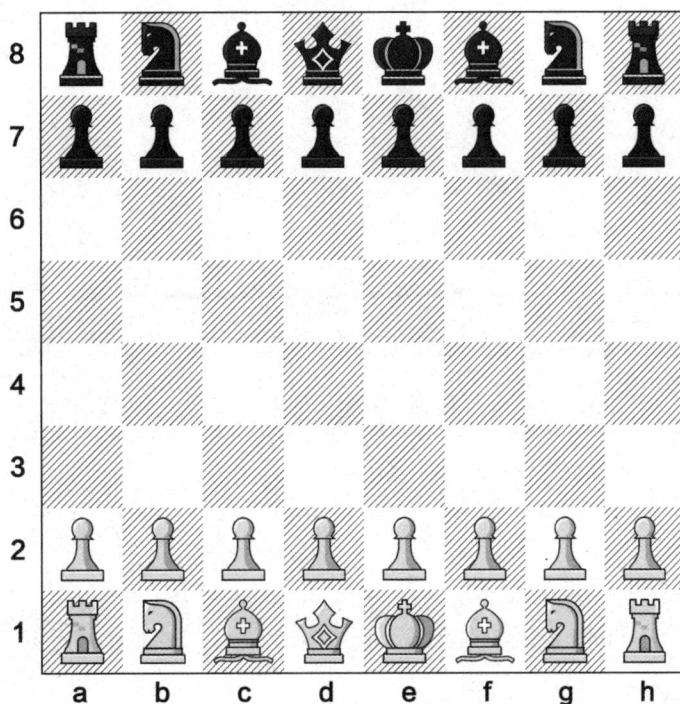

（图1）

11

2. 棋盘上的线与格

棋盘上的方格形成了8条横线、8条竖线和26条长度不同的斜线。最长的斜线有8个格子，最短的只有2个格子。

横线用阿拉伯数字标示，例如第1横线、第2横线……第8横线；直线用英文字母标示，例如a线、b线……h线；斜线用位于两端格子的名称表示，例如a1-h8斜线、h1-a8斜线等。图2展示了横线、竖线和斜线的示例。

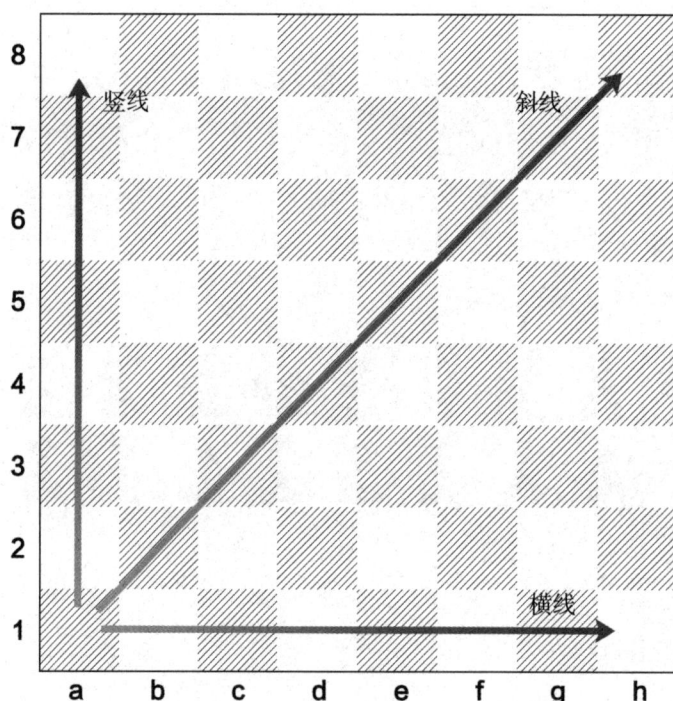

（图2）

棋盘上的第1和第8横线，习惯上称为"底线"，a、h两条竖线称为"边线"。

每个方格也有自己的名称，它们的名字是由棋盘上竖线的字母和横线的数字结合而成的（图3）。

棋盘上位于四个角的格子（a1、h1、a8、h8）称为角格。

8	a8	b8	c8	d8	e8	f8	g8	h8
7	a7	b7	c7	d7	e7	f7	g7	h7
6	a6	b6	c6	d6	e6	f6	g6	h6
5	a5	b5	c5	d5	e5	f5	g5	h5
4	a4	b4	c4	d4	e4	f4	g4	h4
3	a3	b3	c3	d3	e3	f3	g3	h3
2	a2	b2	c2	d2	e2	f2	g2	h2
1	a1	b1	c1	d1	e1	f1	g1	h1
	a	**b**	**c**	**d**	**e**	**f**	**g**	**h**

（图3）

关于棋盘的知识，初学者一定要熟练掌握，因为这有助于今后深入地学习和掌握国际象棋的基本知识。在接下来的学习中，要经常使用这些名称，所以务必熟练掌握。

3. 中心、王翼与后翼

用虚线围起来的d4、d5、e4、e5这4个格子组成的区域称为"中心"。由a、b、c、d四条竖线组成的区域称为"后翼"（后所在的侧翼）；由e、f、g、h四条竖线组成的区域称为"王翼"（王所在的侧翼）（图4）。

棋盘是国际象棋的战场，初学者一定要花功夫去熟悉棋盘。为了做到这一点，可以先在面前放一个空棋盘，设想自己在下白棋，讲出每条竖线、横线、斜线的名称；然后设想自己在下黑棋，把上述过程重复一遍。接下来，先设想自己在下白棋，然后设想自己在下黑棋，讲出每个格子的名称。再接下来，眼睛不看棋盘，在自己的脑子里设想一个空棋盘，先把自己当作白方，再当作黑方，默念每个格子的名称。

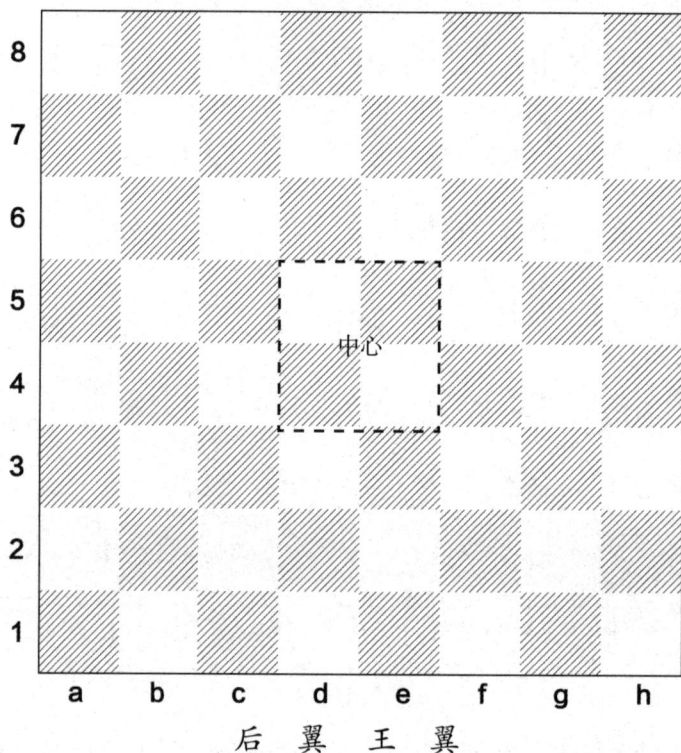

（图4）

如何才算真正熟悉棋盘呢？在眼前没有棋盘的情况下，当别人说出任何一个格子名称时，自己能立即讲出这个格子的颜色，以及通过这个格子的斜线。要做到这一点，需要经过一段时间的练习。

二、国际象棋的棋子

下面我们从棋子的种类和数量、棋子的摆放两方面来全面认识国际象棋的棋子。

1. 棋子的种类和数量

国际象棋棋子的数量和中国象棋一样，每方各16个，白黑双方一共32个。双方各有一个王、一个后、两个车、两个象、两个马和八个兵（图5）。

需要说明的是，平面图形（即印刷体图形）是用在棋书、棋刊等纸质品上面的，也用于电脑软件、表演和教学用的棋具上。然而在实际对弈中，国际象棋的棋子是立体型的，它们的造型生动而又逼真（图6）。

王　　后　　象　　马　　车　　兵
（1个）（1个）（2个）（2个）（2个）（8个）

（图5）

王（K）　后（Q）　象（B）　马（N）　车（R）　兵（P）

（图6）

2. 棋子在棋盘上的摆放

棋子的平面图形（即印刷体图形）和对局开始前各个棋子的初始位置是这样的（图7）：

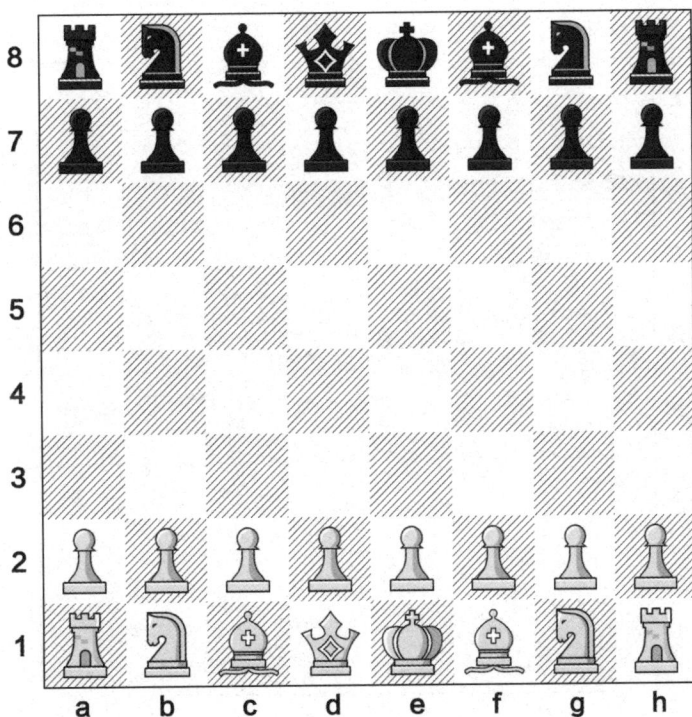

（图7）

棋子放在方格内（而不是像中国象棋那样放在交叉点上），双方底排（底线）由外向内是车、马、象（这和中国象棋棋子初始位置的放置法是一样的），中央是王和后。

要注意，白后在白格，黑后在黑格，双方的王和后都是面面相对，不能摆错。底排（底线）的前面一排即次底排（次底线），则放置双方各八个兵。

为了不把棋盘和棋子摆错，可以记熟下面的简易口诀："右手下，应是白（格）；车马象，兵二排；白后白（格），黑后黑（格）。"

随堂练习

1. 请你将棋盘上标出的格子进行规范表述，说出格子的位置名称（按照从下往上，从左往右的顺序）。

（1）

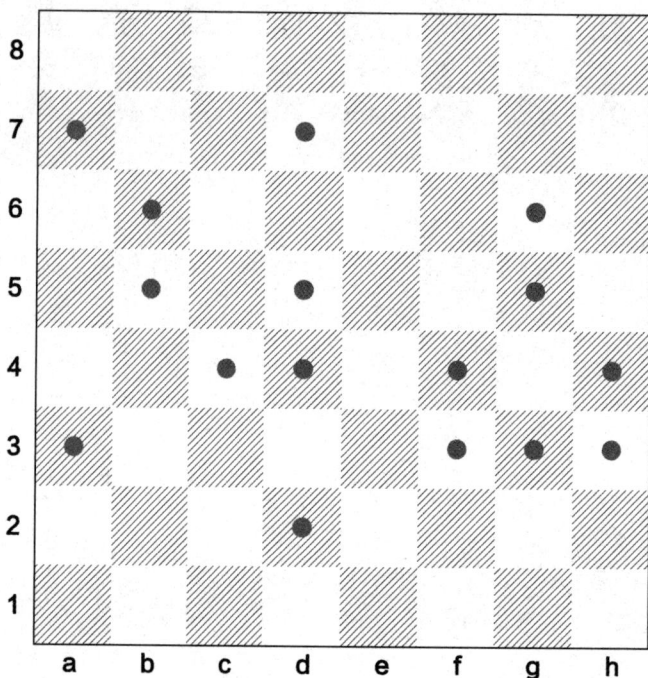

（2）

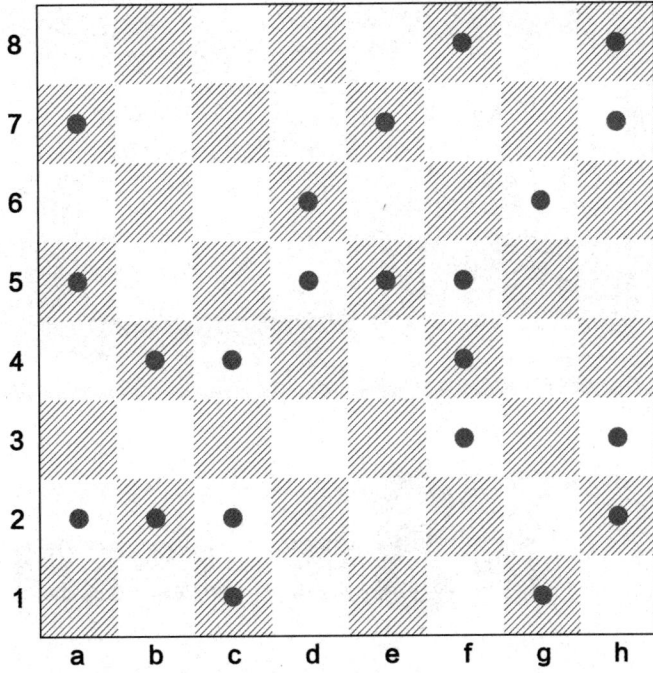

2. 请你用自己的话说一说，棋子摆放的基本规则和重点。

第3课 棋谱的记录法

学习重点

1. 学习记录方法，做到能够看懂棋谱
2. 掌握棋谱记录知识，能够独立完成棋局记录

一、记录棋谱的作用

国际象棋规则规定，当比赛时，在对局进行过程中，双方都要用代数制（或称坐标制）记录法在指定的记录纸上尽量清晰地逐着作好对局记录（包括己方与对方着法）。

对局记录能把对局的全过程用文字（包括英文字母和阿拉伯数字）和符号记录显示出来。根据对局记录，裁判可以判断整个比赛过程的着法是否符合棋规规定，并裁决棋局的胜负或和棋。凭借对局记录，爱好者们可以超越时空，对棋局进行分析研究。

因此，为了参加比赛和规范地做好比赛记录，为了能研读棋谱，我们需要掌握国际象棋的对局记录法。下面我们分"局面的记录"和"对局的记录"两部分来讲解。

二、局面的记录方法

在记录局面时，在棋子名称的后面再加上它所在格子的代号，就表示出棋子的位置。例如把象走到d4格上，就写成象d4，把马走到f7格上，就写成马f7。

记录的次序是：先白方后黑方。每一方内部的次序是：王、后、车、象、马、兵。如果一种棋子有两个以上时，棋子的名称不必重复。例如在a1和h1格上各有一车，可写成车a1、h1。

记录同一方同种棋子的位置，要按照竖线a到h的顺序记，也就是先记a线上的，最后记h线上的。如果同一直线上有两个以上同一方的棋子时，要按照横线1到8的顺序记，也就是先记第1横线的，最后记第8横线的。

例如在对局开始前的局面，记录下来就是：

白方：王e1，后d1，车a1、h1，象c1、f1，马b1、g1，兵a2、b2、c2、

d2、e2、f2、g2、h2；

黑方：王e8，后d8，车a8、h8，象c8、f8，马b8、g8，兵a7、b7、c7、d7、e7、f7、g7、h7。

在不同的国家，也有用本国语言来进行国际象棋对局记录的惯例。

熟练掌握对局记录方法，对于我们学习棋谱和记录自己的对局非常重要。国际棋联和中国国际象棋协会发布的规则规定使用"坐标记录法"。

国际上通用的记录方法是用英文大写字母代表每个棋子：

王（King）= K

后（Queen）= Q

车（Rook）= R

象（Bishop）= B

马（Knigh）= N

兵（Pawn）=P（一般记录兵的着法时，只记录兵行进到的棋盘上的格子标号，不加大写字母P）

竖线：a、b、c、d、e、f、g、h（注意，记录竖线的字母采用小写的方式）

横线：1、2、3、4、5、6、7、8

格子：a1、h1、a8、h8……

斜线：a1–h8、h1–a8……

本书中，我们采用中文王、后、象、车、马等来记录棋子的走法。

三、对局的记录

下面介绍国际象棋中对局的记录方法。

后从d1走到d6，记为后d6，原来位置不记，只记棋子的名称和到达的位置（图8）。

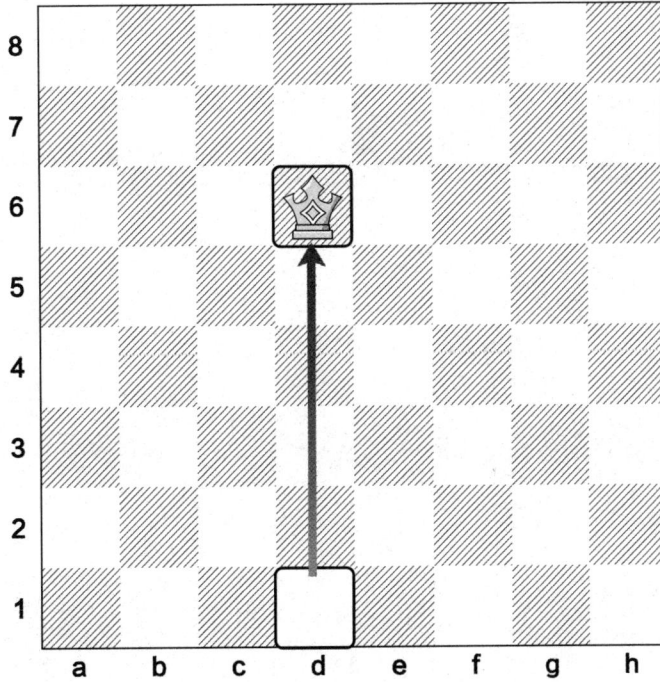

（图8）

兵从e2走到e4，记为e4，兵的名称可以省略（图9）。

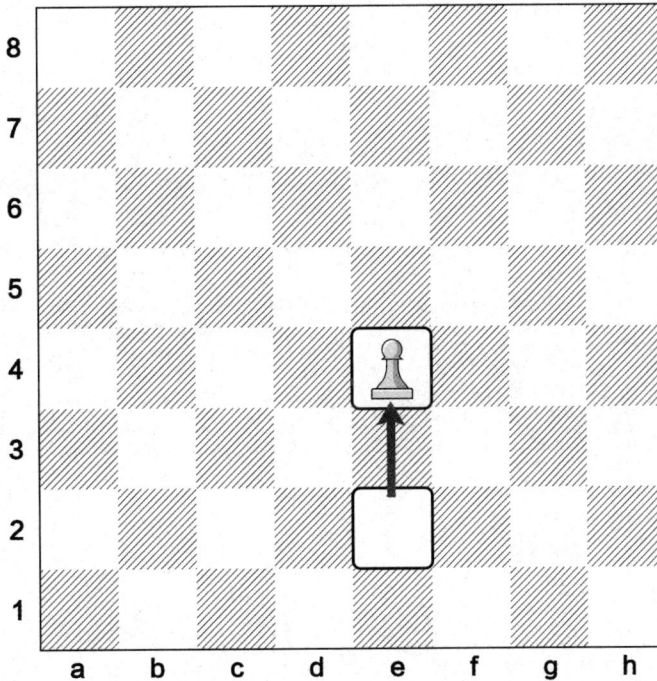

（图9）

象从f1走到a6吃掉对方的棋子，记为象×a6（图10）。

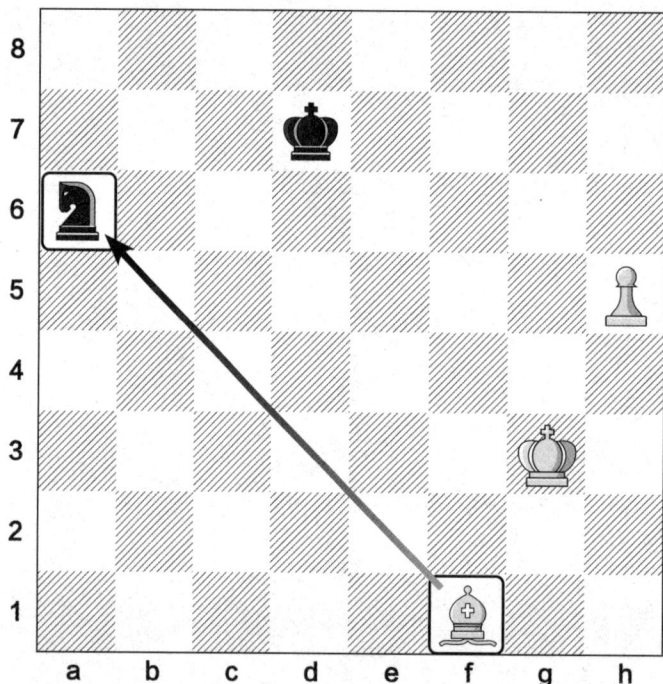

（图10）

b×c4表示兵从b5吃掉对方c4的棋子（图11）。

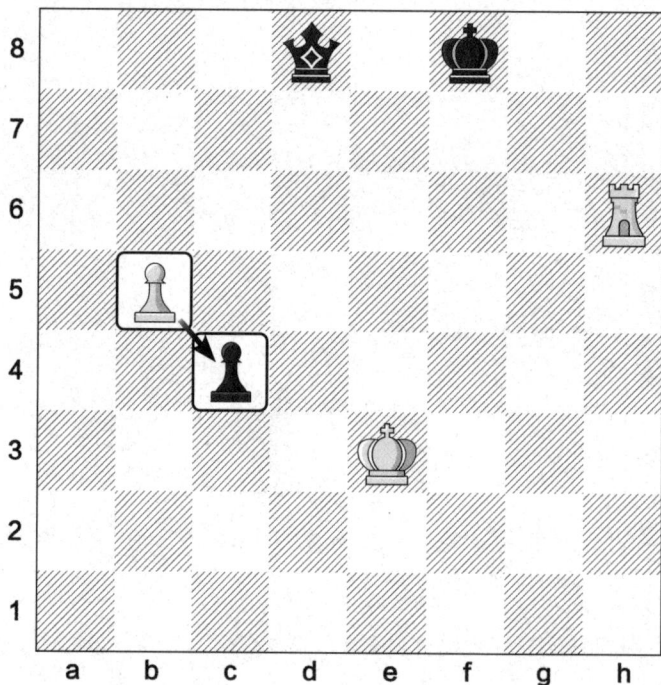

（图11）

国际象棋是双方轮流对弈的，白方先走一步，黑方接着走一步，这称为一个回合。记录中"."前的阿拉伯数字表示回合序号，每个回合的前半部分表示白方所走的着法，后半部分表示黑方所走的着法。

例如：1. 马 f3　马 f6 表示在第 1 回合中，白方王翼马走到 f3，黑方王翼马走到 f6。

"..."表示省略半个回合，例如：18 ... 象 g5，表示第 18 回合中，白方着法省略，黑方把象走到 g5。

下面，请看一个简单的对局记录范例。

简易记录法：

1. e4 g5

2. d4 f5

3. 后 h5

1：0

白方成功将杀黑王，取得胜利，白胜。

随堂练习

1. 写出棋盘上棋子的名称和位置。

（1）

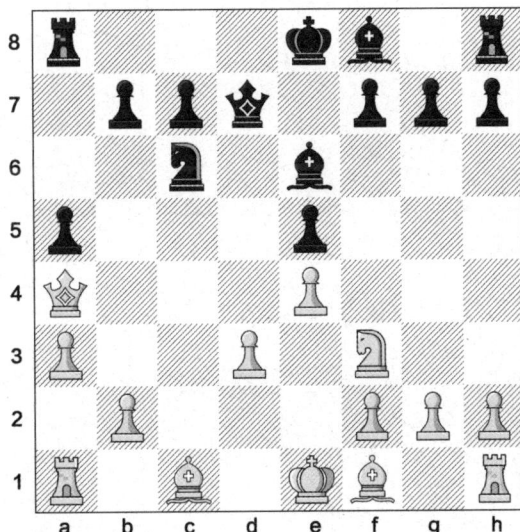

（2）

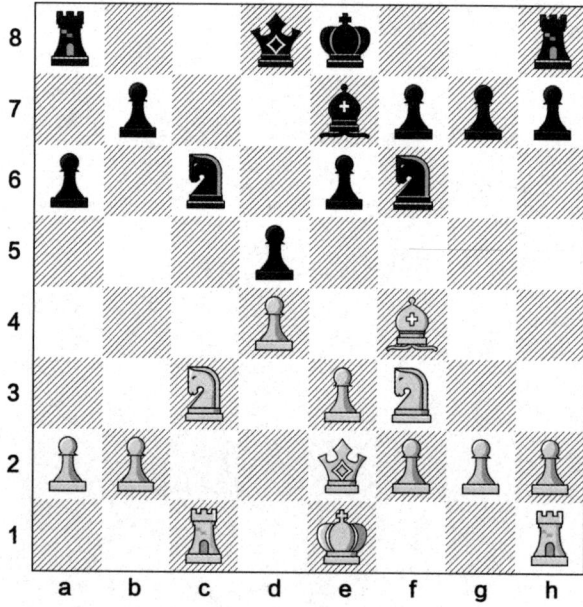

2. 在互联网或棋书上找棋局记录，练习摆棋谱。

第 **4** 课 棋子的走法、吃法和特点——车、象、后

学习重点

1. 学习并掌握车、象、后的走法及吃子方法
2. 通过学习了解不同棋子的行棋特点及威力

一、车的走法、吃法和特点

下面我们从走法、吃法和特点三个方面来了解国际象棋中的棋子"车"。

1．车的走法

车只能按直线走棋，既可以横着走，也可以竖着走。当车的行棋路线上没有其他棋子阻挡时，车走的距离不受限，能一次走一格，也能一次走到头，但不能拐弯。

例如图12中，车可以走到f4、g4、h4，还能进到d4、c4、b4、a4，除此之外，这只车可以往下走到e3、e2、e1，还可以往上走到e5、e6、e7、e8，行棋范围一共是14格。

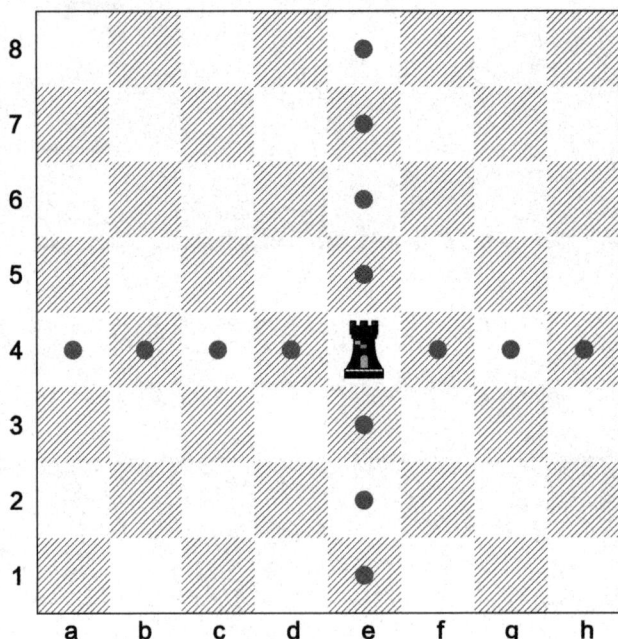

（图12）

车的行棋路线上有其他棋子阻挡时，不论这个棋子是对方的还是己方的，车都不能跳过这个棋子，也不能拐弯。

2. 车的吃法

吃子是指把对方的棋子从棋盘上拿掉，再用吃它的棋子占有被吃棋子的格子。把自己的一个棋子从所在的格子吃到另一个格子（吃子），和把它移动到另一个格子（走子）相同，都是一步（着）棋。

车的吃法与走法相同，它能够吃掉行棋路线上的对方棋子。但同样的，车也不能跳过棋子吃子。

例如图13中，白车能吃黑方h2兵，但不能吃自己的d5兵。黑车能吃白方的d5兵或f7马，不能吃自己的f4兵及g5兵。

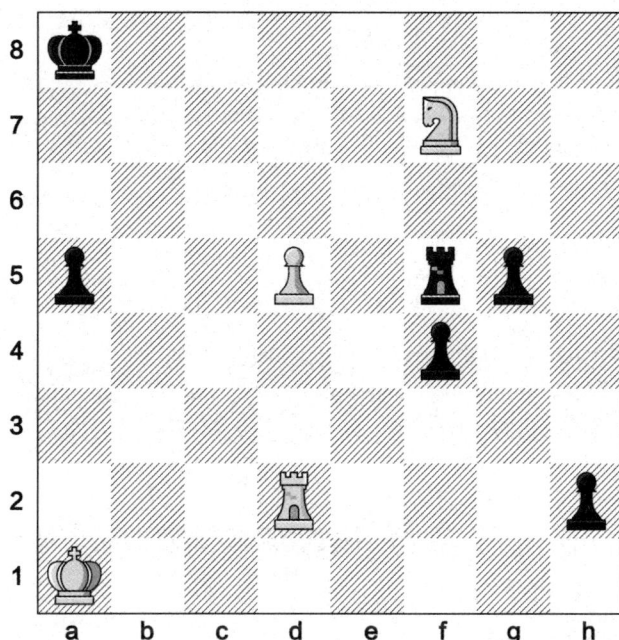

（图13）

3. 车的特点

如果无其他棋子阻碍，车在棋盘上任何位置的活动范围都是14个格子，在中心上的活动范围是14格，在边、角上的活动范围也是

14格（图14）。这是车和其他棋子不同的地方。

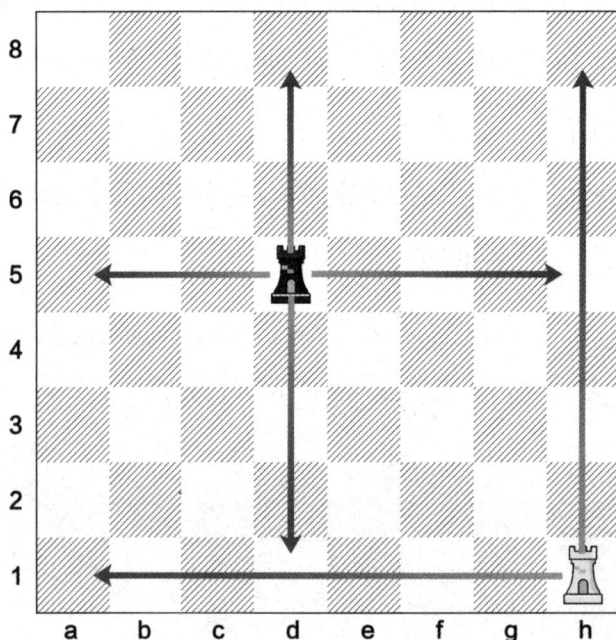

（图14）

车的威力仅次于后，但是由于在对局初始阶段车处于棋盘角落，因此不易出动。在对局的初始和中间阶段，车的威力不易发挥；在对局的最后阶段，随着线路通畅，其威力逐步得到充分发挥。

二、象的走法、吃法和特点

下面我们从走法、吃法和特点三个方面来了解国际象棋中的棋子"象"。

1. 象的走法

象必须沿着斜线行动，能够从棋盘的一角远程攻击到棋盘的另一角，即当象的行棋路线上没有其他棋子阻挡时，它行动的距离不受限，能一次走一格，也能一次走到头。

例如图15中，黑象可以走到e6、f7、g8，也可以走到c4、b3、a2，黑象还可以走到c6、b7、a8，以及e4、f3、g2、h1。象行进时只能沿相同颜色的格子走动。

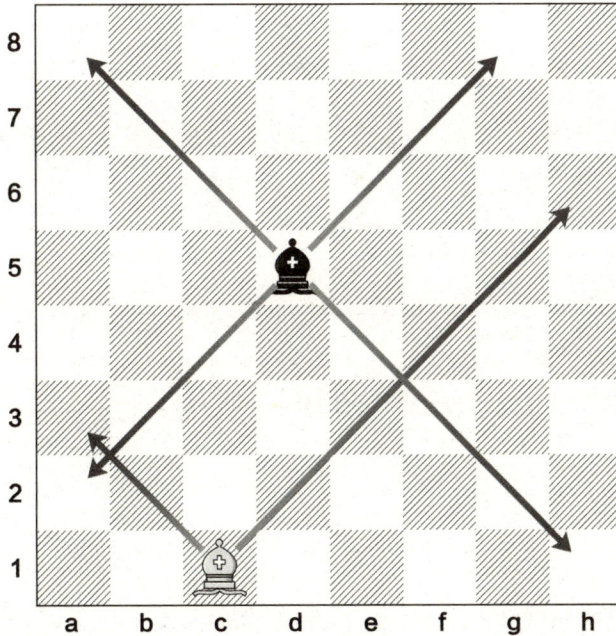

（图15）

象的行棋路线上有其他棋子阻挡时，不论这个棋子是对方的还是己方的，象都不能跳过这个棋子，也不能拐弯。

2. 象的吃法

象的吃法与走法相同，它能够吃掉行棋路线上的对方棋子。但同样的，象也不能跳过棋子吃子。

例如图16中，白象能吃黑方的d2兵、b6兵或f2马，不能吃自己的g5兵。黑象能吃白方的f3兵或c6马，但不能吃自己的g6兵。

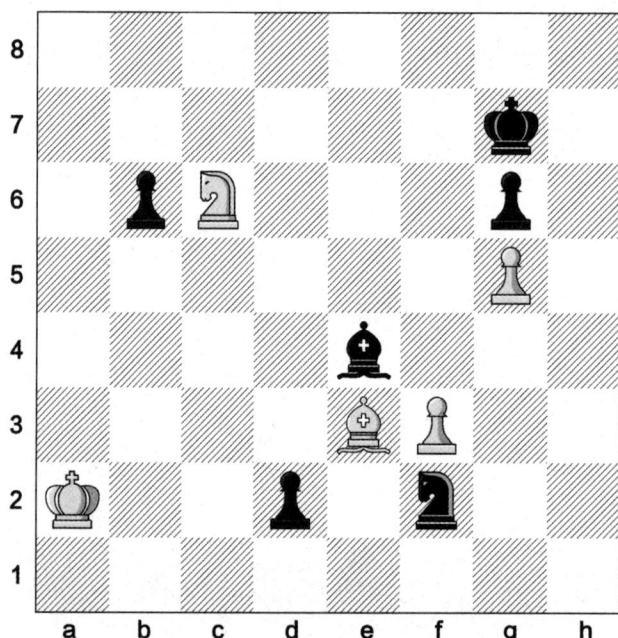

（图 16）

3. 象的特点

白黑双方各有两个象，如果仔细观察会发现，对局开始时白方的两个象摆在不同颜色的格子里，c1 象在黑格，f1 象在白格。c1 中的象只能在黑格内活动，所以管它叫黑格象；反之，f1 格中的象只能在白格内活动，任何时候也不能进入黑色格中，所以管它叫白格象。

象斜走，行走格数不受限制，可以形象地把它描述为"斜行的车"。

在中心的象，能走到的格子有 13 个，越往棋盘边上，象能走到的格子数越少，在棋盘边、角上，它能走到的格子只有 7 格（图 17）。所以象的中心化能大大增强其威力。由于斜线是由相同颜色的方格组成的，所以象只能在一种颜色的格子上活动。

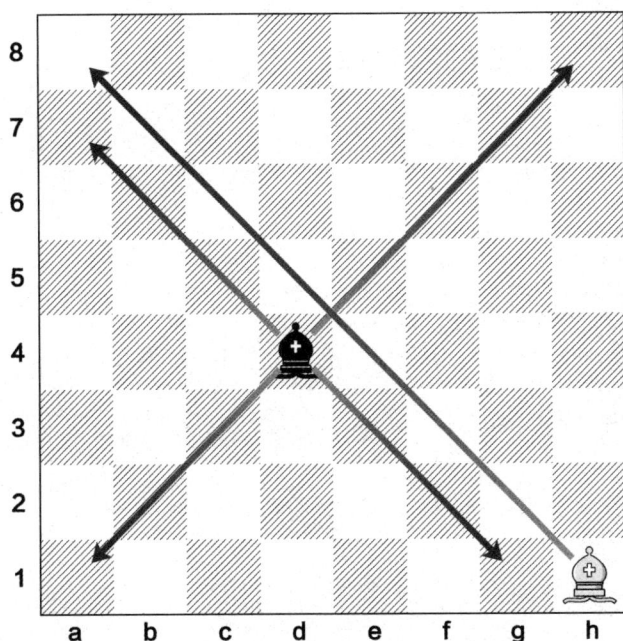

（图17）

象的威力大小取决于局面的性质，开放局面中象的威力要大于封闭局面中的象。关于象与兵的相互关系，有时人们形象地说："象与围墙"，那意思就是把兵形容为一堵墙，如果象的活动完全受到兵的限制，被封锁在兵阵当中，那么象的活动能力就很难发挥出来了。

三、后的走法、吃法和特点

下面我们从走法、吃法和特点三个方面来了解国际象棋中的棋子"后"。

1. 后的走法

学会了车和象的走法，那么后的走法对于我们来说就太简单了。后是国际象棋王国当中最强的一个子，可以按车的路线走，也可以按象的路线走，所以，后可以横着走，竖着走，还能斜着走，走的距离都不受限，它是"车和象的综合体"（图18）。

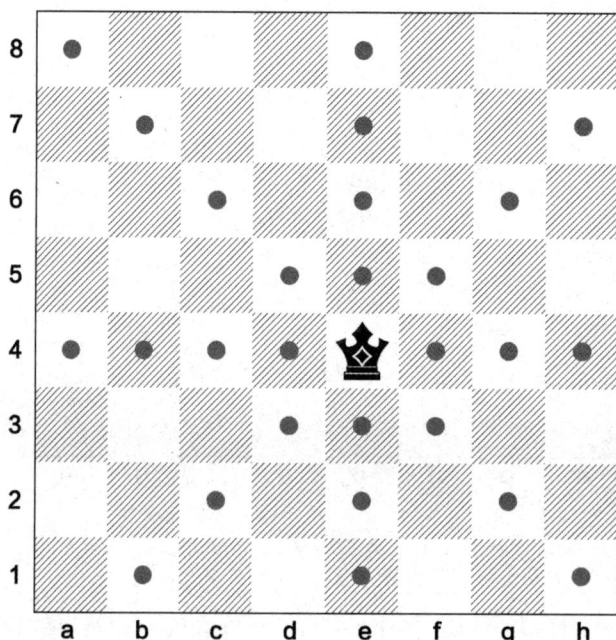

（图18）

后的行棋路线上有其他棋子阻挡时，不论这个棋子是对方的还是己方的，后都不能跳过这个棋子，也不能拐弯。

2. 后的吃法

后的吃法与走法相同，它能够吃掉行棋路线上的对方棋子。但同样的，后也不能跳过棋子吃子。

例如图19中，白后能吃黑方的e4兵或g6马，不能吃自己的f2兵、h3兵、g5马及c5车。黑后能吃白方的c5车、g5马，不能吃自己的e4兵、c7兵。

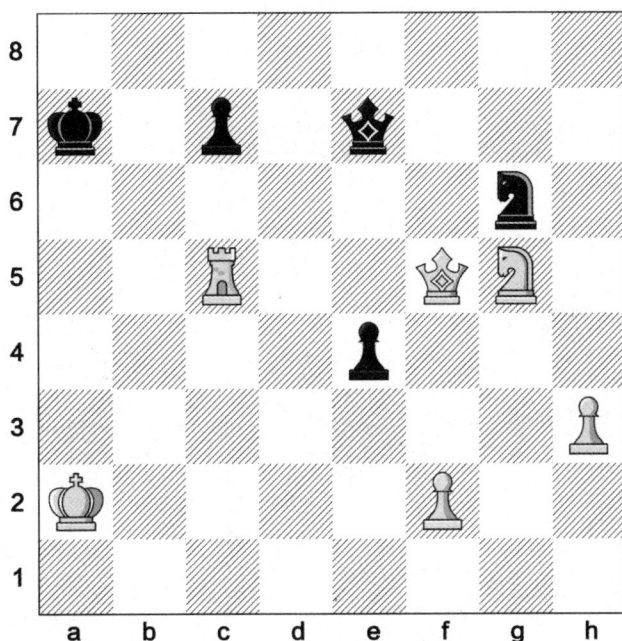

（图19）

3. 后的特点

如果后在棋盘中心，能走到的格子共有27个（车的14格加上象的13格），在棋盘边、角上，能走到的有21格（车的14格加上象的7格）。后是所有棋子中威力最大的，相当于两个车、两个象加一个马、两个马加一个象。因为后的价值仅次于王，所以在对局开始阶段，一般不宜轻易出动，以免被对方棋子驱赶而浪费步数。

> **随堂练习**
>
> 1. 填空，将下面棋图中双方能够吃什么棋子，不能吃什么棋子写在括号中。
>
> （1）白后能吃黑方的（ ）、（ ）或（ ），不能吃自己的（ ）、（ ）。

黑后能吃白方的（　）或（　），不能吃自己的（　）、（　）、（　）及（　）。

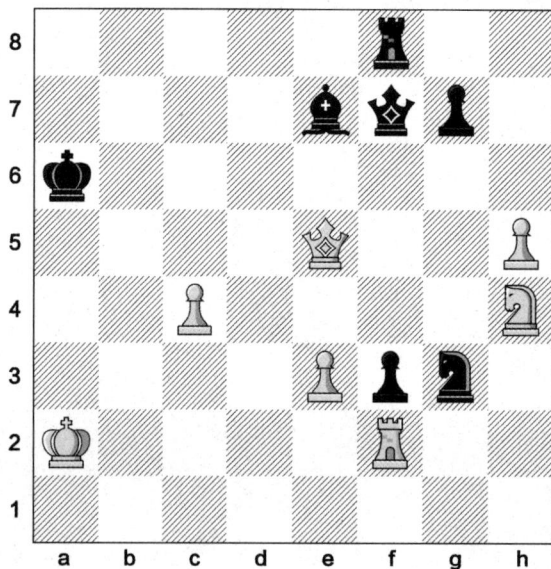

（2）白车能吃黑方的（　）或（　），不能吃自己的（　）、（　）。黑车能吃白方的（　）或（　），不能吃自己的（　）。

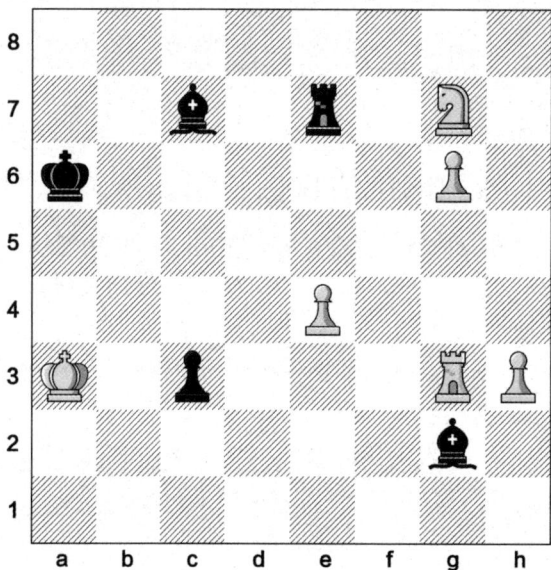

（3）白象能吃黑方的（　）、（　）或（　），不能吃自己的（　）。黑象能吃白方的（　）或（　），不能吃自己的（　）、（　）。

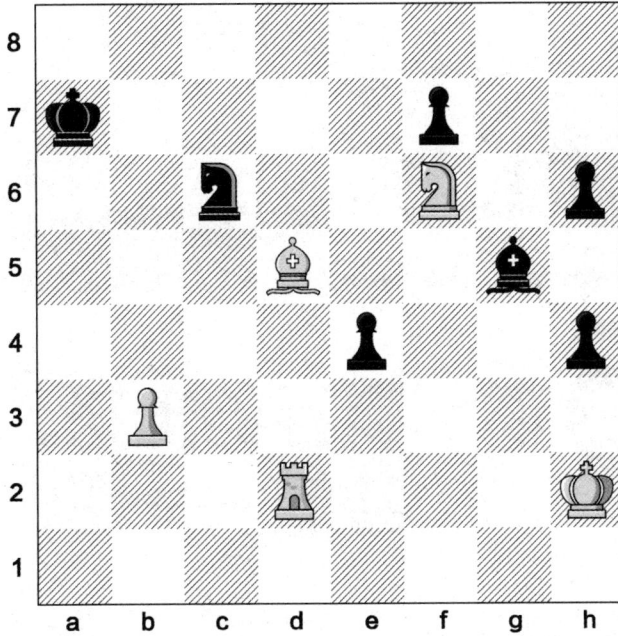

2．在棋局中练习后、车、象的走法，做到熟练掌握，体会不同棋子的行棋特点。

第5课 棋子的走法、吃法和特点——王、马、兵

一、王的走法、吃法和特点

下面我们从走法、吃法和特点三个方面来了解国际象棋中的棋子"王"。

1. 王的走法

王的走法有点像后的走法。王可以横着走，竖着走，斜着走，但每次只能走一格。

例如图20中，王在e4，它可以走到d3、d4、d5、e3、e5、f3、f4、f5，但不能往别的地方走。所以，我们通常把王称为"小皇后"。

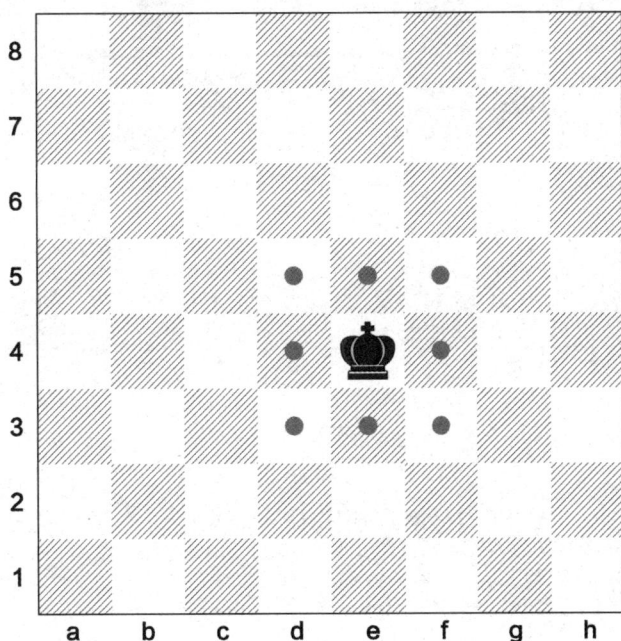

（图20）

按规定，王不能走到受对方棋子攻击的格子上去，王受到对方棋子攻击时，也必须马上应对，摆脱对方棋子的攻击。

2. 王的吃法

王的吃法与走法相同，它能够吃掉距离自己一个格子沿横线、直线和斜线方向上的对方棋子。

例如图21的局面，白王能够吃黑方的g3马、g5马，不能吃自己的e3兵、e5兵。黑王能吃白方的c4象、b6兵，不能吃自己的b4兵、c6兵。

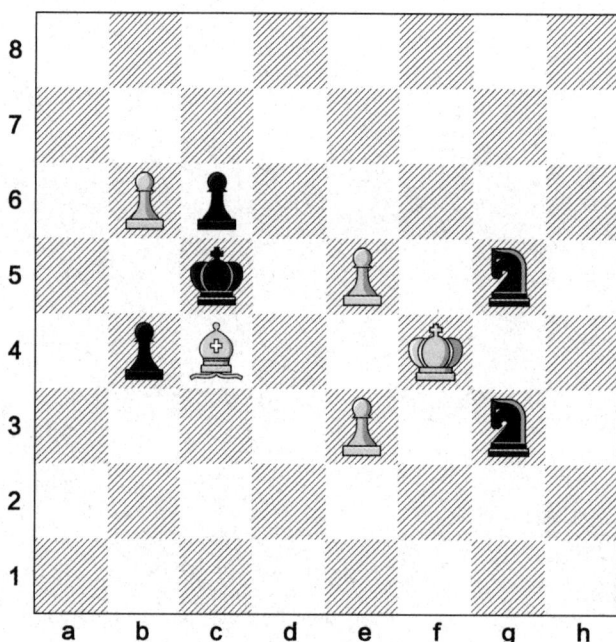

（图21）

王不能被吃掉，或对于对方的叫吃威胁不予应对。一方的王被对方将死意味着棋局结束。

3. 王的特点

王在棋盘角上能走到的格子只有3个；在棋盘边上能走到的格子有5个；不在边、角上能走到的格子最多，共有8个（图22）。

在国际象棋中，王的活动范围不受限制（不同于中国象棋中的将、帅，只能局限于九宫之内）。王的威力虽然不大，但是它的存亡决定一局棋的胜负，这与中国象棋中的将、帅一样。因此，它的价值是所有棋子中最高的。通常在对局的开始和中间阶段，王被藏在由己方兵阵和其他子力组成的屏障后面，受到严密保护；然而在对局的最后阶段，王必须出动并直接参加战斗。

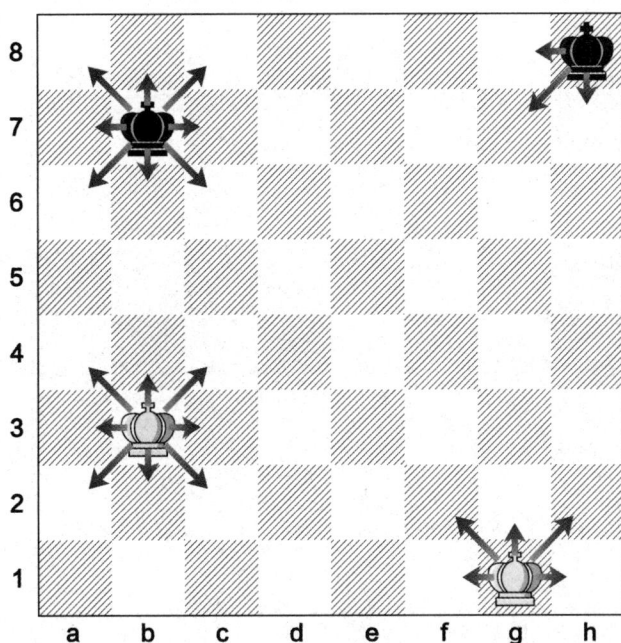

（图22）

二、马的走法、吃法和特点

下面我们从走法、吃法和特点三个方面来了解国际象棋中的棋子"马"。

1. 马的走法

可以说，国际象棋当中的马是在老师没教之前，你们就认识的一个棋子。四只马雄壮威武，神采飞扬地站在棋盘上。

马是一种特殊的子力，它不像其他棋子那样走直线或斜线，而是按大写的英文字母"L"形进行跳跃，马是直走或横走两格，然后再接着向左或向右走一格。

简单地讲，马行棋时每步棋是先直走1格或横走1格，然后再按初始位置的前进方向斜走1格，合起来为一步（着）棋（图23）。

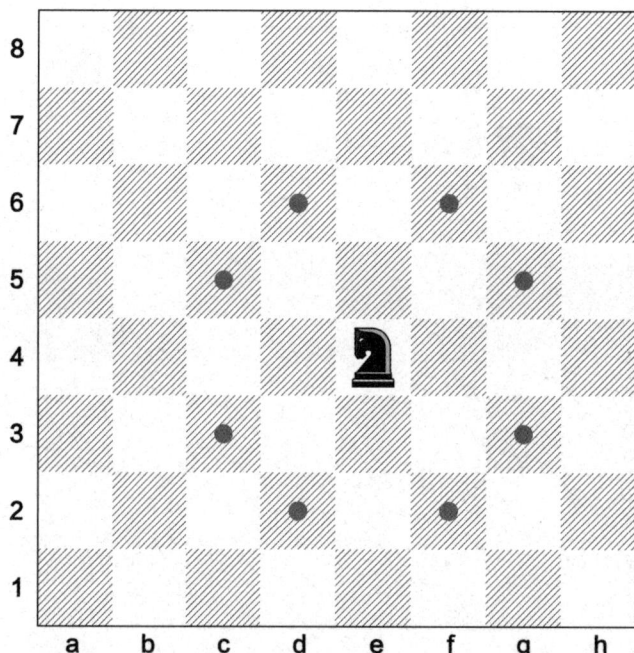

（图23）

国际象棋中，马的走法和中国象棋中马的走法相似，但是无"蹩马腿"之说，即在它经过的格子上，如果有己方或对方棋子，马可以越过去。

2. 马的吃法

马的吃法与走法相同，它能够吃掉行棋路线上的对方棋子，而且马还能跳过其他棋子吃子。马是国际象棋中唯一一个可以跳着走子和吃子的棋。

例如图24的局面中，白马可以吃掉黑方的g3象、g7车，不能吃自己的d4兵、d6兵。黑马能吃白方的e2象、b5车，不能吃自己的d5兵、e4兵。

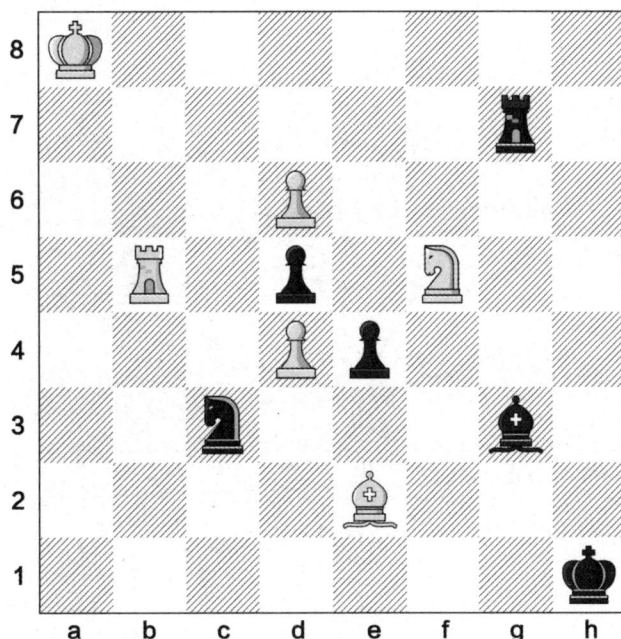

（图24）

3. 马的特点

马是国际象棋中唯一一个可以跳着走棋和吃子的棋子。

马在中心可以直接对8个格子产生控制，这和我们平常所说的"马跳八方"有些类似。马在棋盘角上能走到的格子只有2个，在棋盘边上有3或4个，因此马在棋盘中心或临近中心的区域时最灵活（图25）。

根据马的走法，每一步，白格上的马只能走到黑格上去，黑格上的马只能走到白格上去，即马总是从白格跳到黑格或是从黑格跳到白格，因此马素有"变色龙"之称。

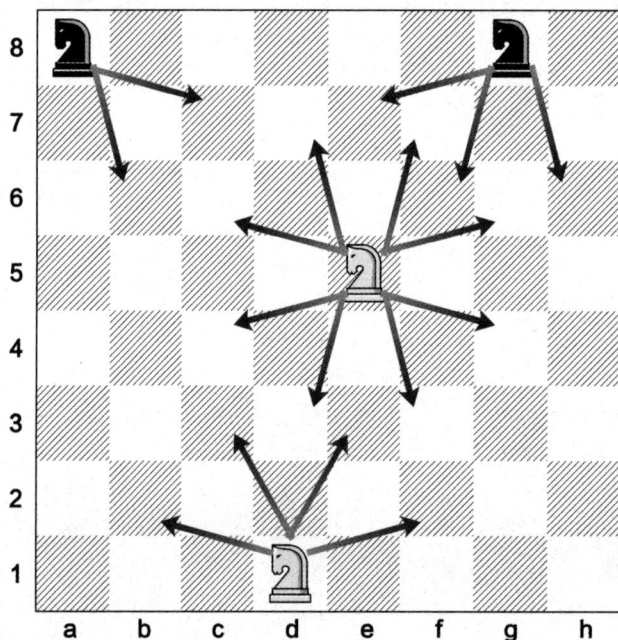

（图 25）

三、兵的走法、吃法和特点

下面我们从走法、吃法和特点三个方面来了解国际象棋中的棋子"兵"。

1. 兵的走法

兵只能向前直走，不能后退或横着移动。在初始位置时的兵，第一步可以任意选走一格或两格，以后每步只能走一格。

例如图 26 的局面中，白方的 e2 兵第一步可以走一个格到 e3，也可以直接走两个格到 e4。同理，黑方的 c7 兵第一步可以走一个格到 c6，也可以直接走两个格到 c5。

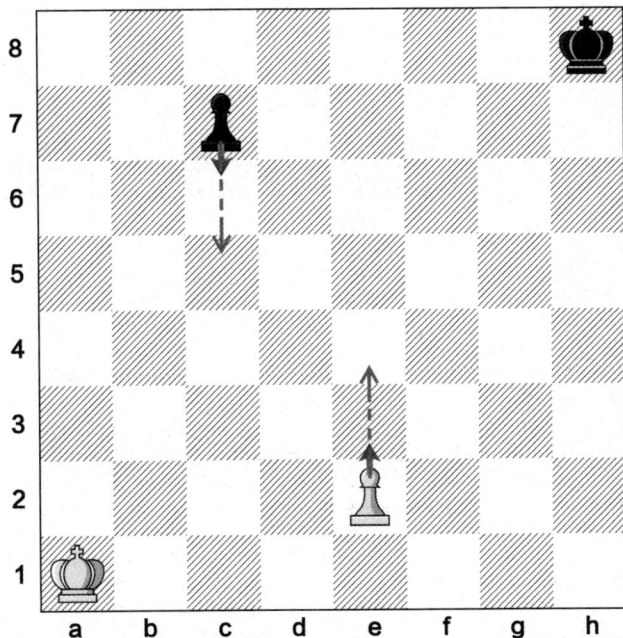

（图26）

2. 兵的吃法

兵是国际象棋中唯一一个吃法与走法不同的棋子。兵在吃子时只能沿着斜线向前走一个格子。

让我们来看一个棋子比较多的局面（图27），使大家对兵的走法有进一步的认识。

棋盘上共有8个兵（白方黑方各4个），其中，处于初始位置的白方g2格上的兵既可走到g3，也可一步直接走到g4；同样，处于初始位置的黑方h7格上的兵既可走到h6，也可一步直接走到h5。

白方a4格上的兵不能走动，因为前方一格有棋子；b4格上的兵既能向前直走一格，也能斜进一格吃掉a5格的黑马，以后就在a线上前进。

黑方d5格上的兵能向前走至d4；d6格上的兵不能向前走，但可以吃掉c5格上的白马。白方h3格上的兵和黑方h4格上的兵相互之间呈"顶牛"状态，都不能走动，也都不能吃子。

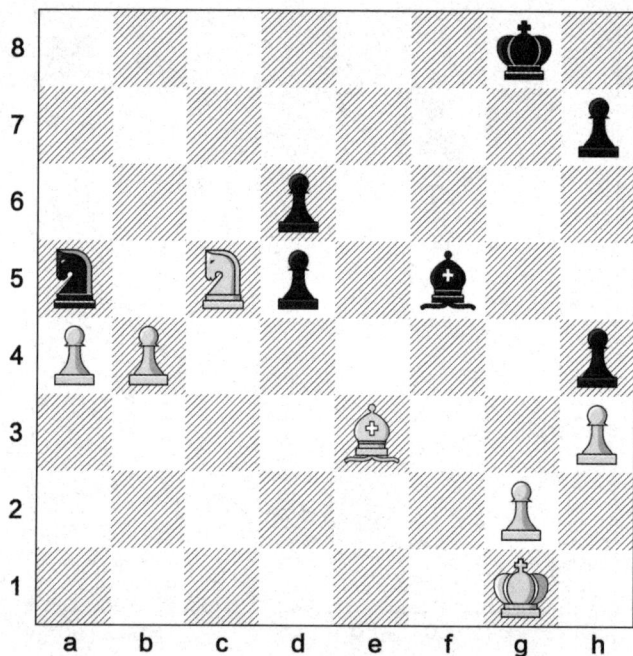

（图27）

　　例如图28的局面中，白兵可以吃掉黑方的h4马，不能吃自己的f4兵。黑兵能吃白方的d5马，不能吃自己的b5象。

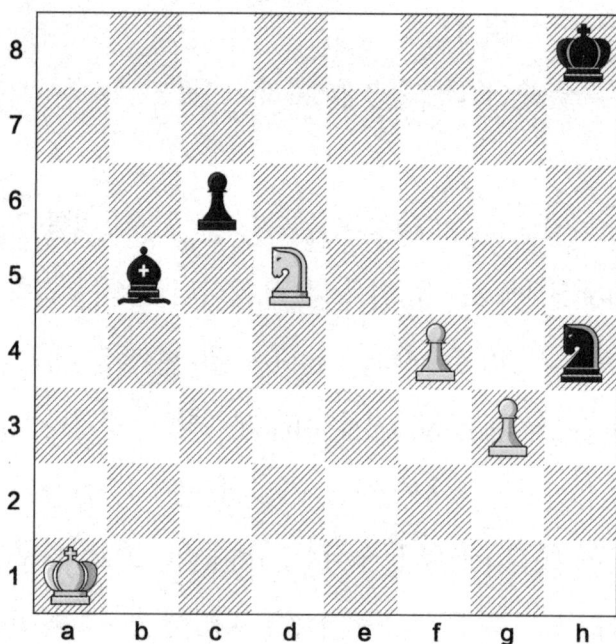

（图28）

3. 兵的特点

兵的走法是有较多特殊性的，除了直走斜吃之外，兵还有以下特点：（1）兵的数量最多，是所有其他棋子数量的总和；（2）兵的价值最低，一马或一象大致相当于3个兵，一车和一后则分别相当于4个半兵和9个兵（详见第8课的讲解）；（3）兵是唯一一个第一步可有两种选择的棋子，处于原始位置的兵第一步既可走一格，也可走两格；（4）兵另有两种特殊走法，也是区别于其他棋子的，它们是"吃过路兵"和"兵的升变"。

随堂练习

1. 填空，将下面棋图中双方能够吃什么棋子，不能吃什么棋子写在括号中。

（1）白王能吃黑方的（　）或（　），不能吃自己的（　）、（　）。黑王能吃白方的（　）或（　），不能吃自己的（　）、（　）。

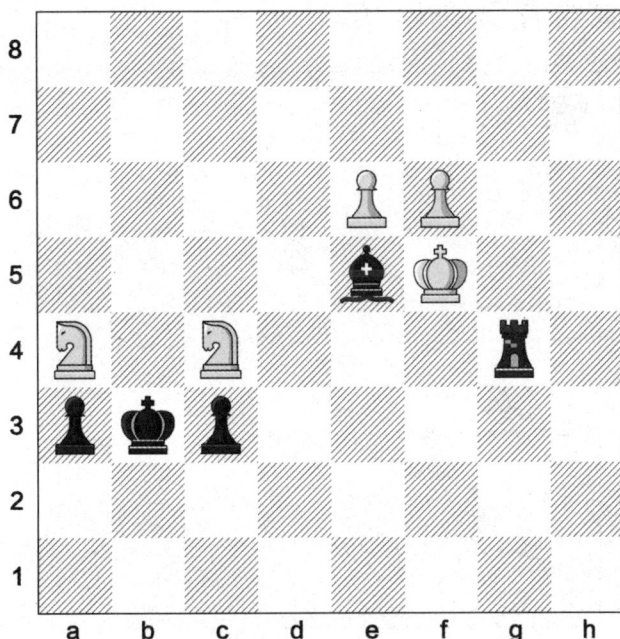

（2）白马能吃黑方的（　）、（　）或（　），不能吃自己的（　）、（　）和（　）。黑马能吃白方的（　）、（　）或（　），不能吃自己的（　）、（　）。

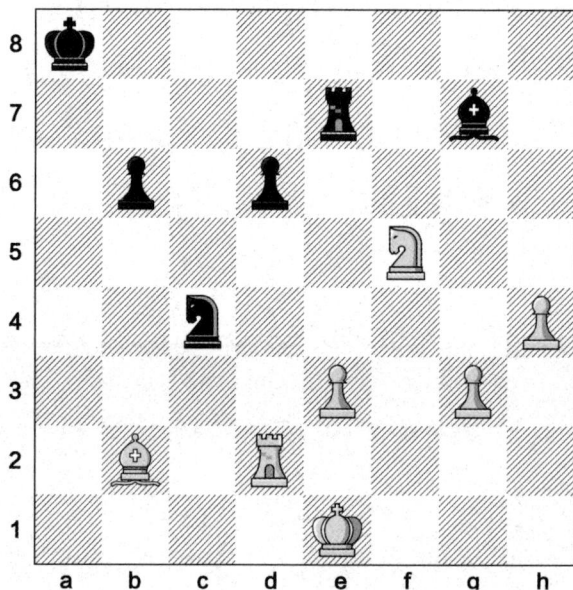

（3）白兵能吃黑方的（　），不能吃自己的（　）。黑兵能吃白方的（　），不能吃自己的（　）。

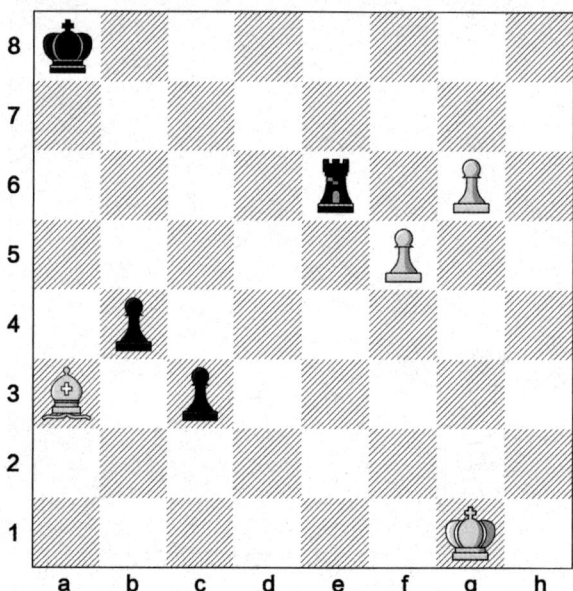

2.　在棋局中练习王、马、兵的走法，做到熟练掌握，体会不同棋子的行棋特点。

第6课 兵的特殊走法

学习重点

1. 学习并掌握吃过路兵的特殊走法
2. 学习并掌握兵的升变特殊走法

一、吃过路兵

下面我们从由来、走法、条件和实战应用这几个方面来认识"吃过路兵"。

1. 吃过路兵的由来

"吃过路兵"是兵的一种特殊走法，是为了解决棋局平衡性的问题。在国际象棋的早期版本中，兵只能向前走一格，直到15世纪才引入了兵在初始位置可以选择一次走两格的规则。但这样的规则引发了一个问题，即棋手可以利用这个规则来封锁棋盘，使敌方的兵无法前进，削弱敌方的进攻能力（图29）。

例如图29中，黑方的兵刚刚从e7挺进到e5，白方应该怎么处理呢？

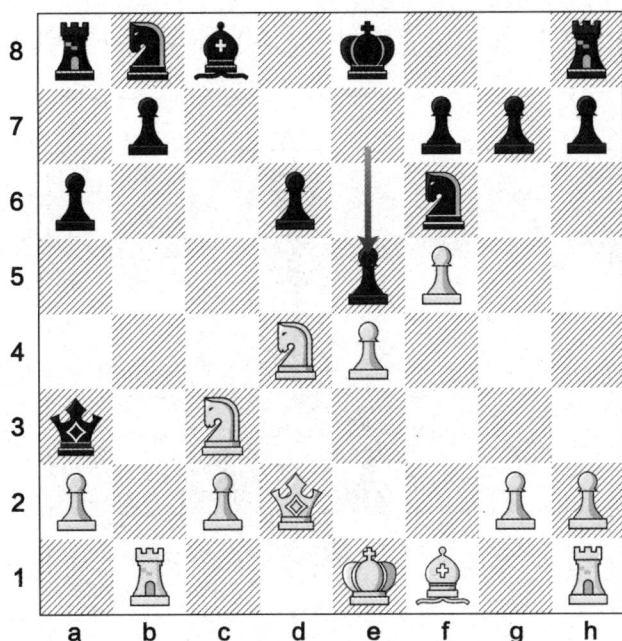

（图29）

为了防止这种情况的发生，国际象棋规则中引入了"吃过路兵"的走法：当一个敌方兵跨越两格来到己方兵的侧面时，己方兵可以突击并将其吃掉。这样可以增加游戏的进攻性和平衡性，同时避免了某一方利用规则漏洞来掌控局面。下面我们来具体介绍。

2. 吃过路兵的走法

吃过路兵是指一方位于原始位置的兵向前挺进两个格，此时，位于临线另外一方的兵可以选择向前沿着斜线吃掉这个兵。

例如图 30 的局面中，轮到白方走，当白方在 e2 格上的兵向前一步走两格到 e4 时，与它在同一横线的左右两个黑兵（d4 兵和 f4 兵）都可以吃它，但是黑兵不是占有它到达的格子（e4 格），而是占有它经过的格子，即 e3 格。

同样，如果这个局面轮到黑方走，当黑方在 e7 格上的兵向前一步走两格到 e5 时，与它在同一横线的左右两个白兵（d5 兵和 f5 兵）也都可以吃它。把 e5 兵从棋盘上拿走之后，把吃它的 d 线兵或 f 线兵放在 e6 格上。

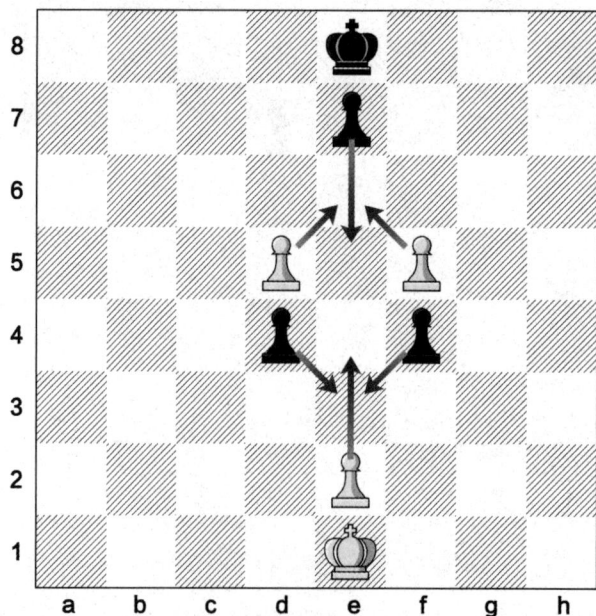

（图 30）

3. 吃过路兵的条件

吃过路兵应具备以下几个条件。

条件1：双方的兵必须在相邻的线路上（图31）。例如图31中，假如白方直接挺兵到a4，黑方的兵就在相邻的线路当中，符合吃过路兵的条件。

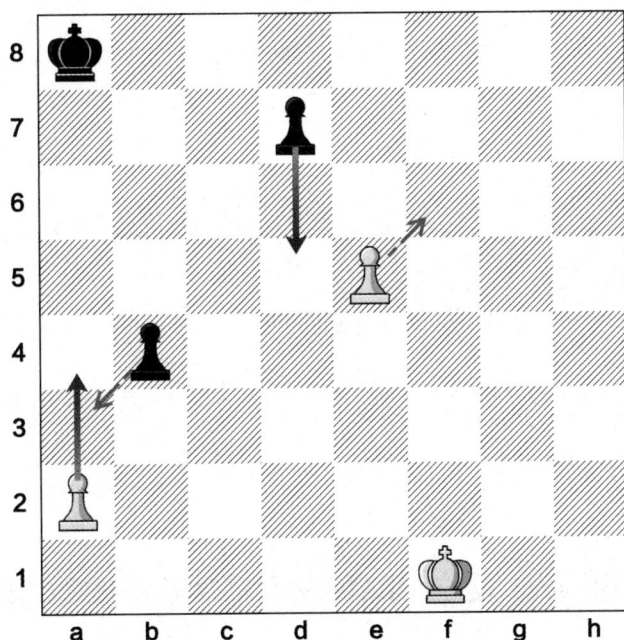

（图31）

条件2：兵从原始位置一次走两格，与对方的兵并排时，对方才能选择吃或者不吃过路兵。假如这个兵是一步一格，用了两步棋才走到这个位置，则对方不可以吃过路兵（图32）。

例如在图32当中，如果白方的g兵从原始位置直接挺进到g4，黑方可以采用吃过路兵的方法消灭白方的g兵。然而，当黑方的兵从b6走到b5的时候，由于黑方的兵不是从原始位置直接挺进，因此白方不能采取吃过路兵的方法消灭黑兵。

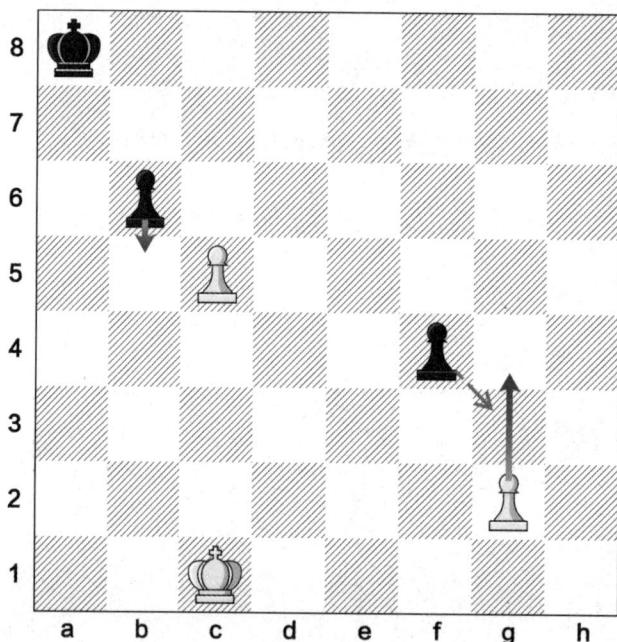

（图32）

条件3：吃过路兵的选择必须立即做出，也就是如果你决定吃掉对方的过路兵，必须立刻吃，否则，下一步就失去这个权利。

二、吃过路兵的实战应用

图33的局面中，黑方刚刚走了b7-b5这步棋，白方应该怎么走？

答案：白方应该走c×b，吃过路兵。接下来，黑方的王吃白方b6兵，白王可以通过e6格入侵，消灭黑方的h7兵和g6兵。

深入想一想，b7-b5这步棋好不好？假如黑方不走这步棋，正确的着法应该是什么？

答案：黑方应该走王d7，阻止白方的王继续入侵到黑方的阵营中（图34）。

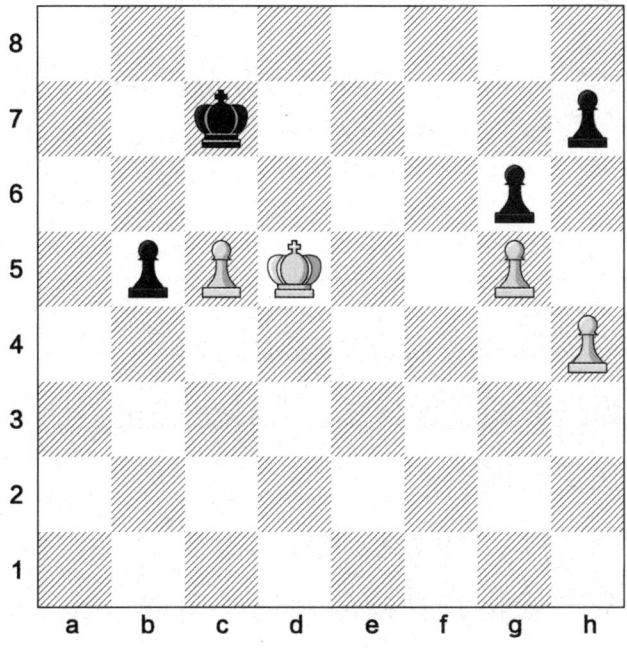

（图 33）

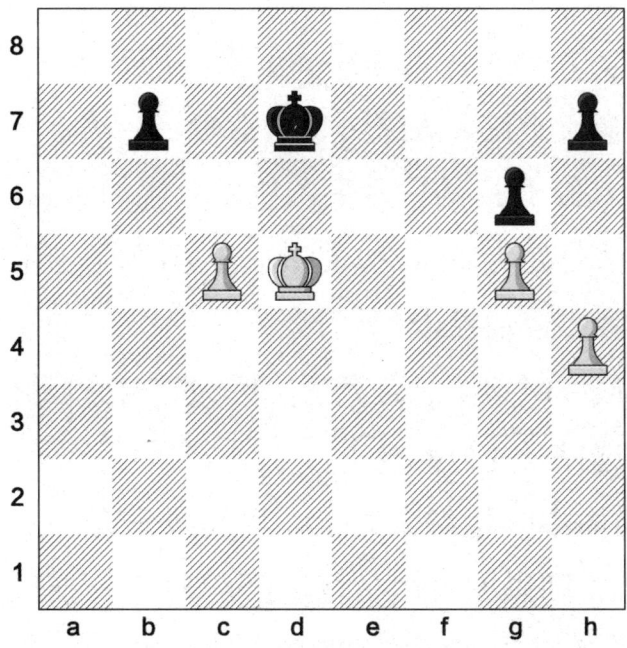

（图 34）

三、兵的升变

与"吃过路兵"一样，兵的升变也是兵的一种特殊走法。下面我们详细介绍。

1. 什么是兵的升变

当兵到达对方的底线（白方的兵走到8线，黑方的兵走到1线），这个兵必须升变为己方的其他棋子。具体方法是，把兵从到达的格子上拿开，放上所升变的棋子。

一般升变时都选择威力较大的后，当然在特定的局面下，棋手也需要灵活根据形势要求进行其他的选择。注意，兵不可以升变为王，也不可以不升变。

2. 兵的升变实战应用

例如图35中，白方可以选择兵c8升变，同样也可以选择c×d8吃掉对方的马后升变。不过，大家可要看清楚了，黑方位于f2的兵同样威胁着要吃掉白方位于e1的后升变。所以，假如轮到白方走棋的话，白方最聪明的办法是先走后×f2，如此，黑方必须先用王把白后吃掉。然后，白方再从容不迫地挺进c兵升变。

然而，兵到底线时也不总是升后，因为有时升后并非最有利，这就要视局势需要选择升变为的棋子。

例如图36局面中，轮到白方走，离底线只有一步之遥的白兵如果直进至h8升后，则黑方可用马行进至e7将军，抽后，再用车吃去白方升变的后，白方反而要输棋，黑胜（关于将杀与对局的胜负判定，详见第10课和第11课）。

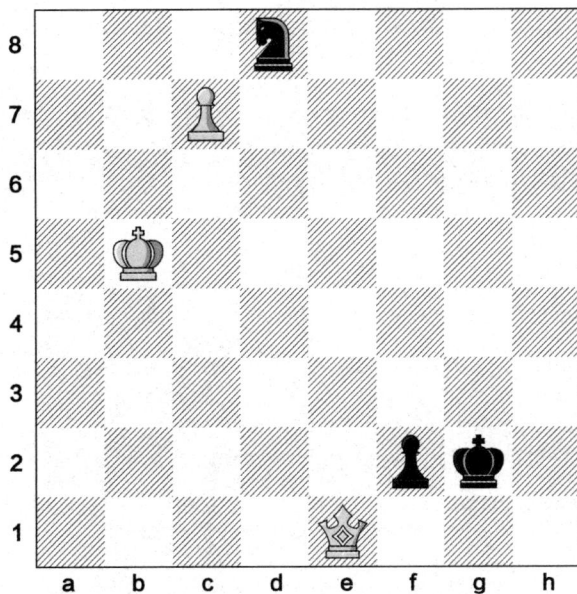

（图 35）

但是如果白兵行进至 h8 不升后而改为升马，则一举把黑方将杀
（即当一方被将军时无法"应将"，关于"应将"和"将杀"，详见第
10 课），白胜。因此，这个局面，白兵升后要输，升马则胜，当然应
该选择升马。

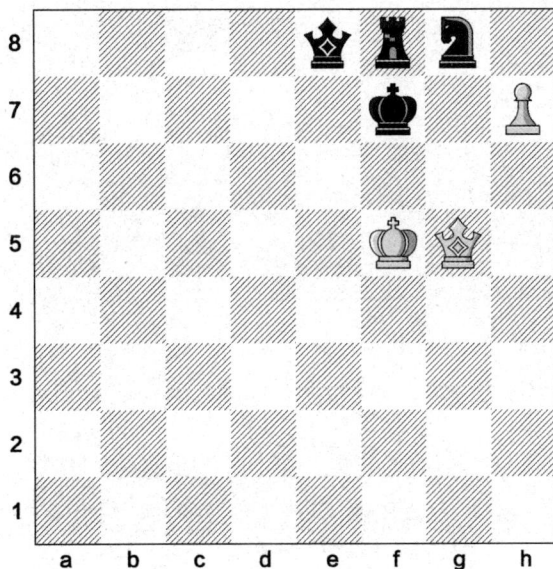

（图 36）

随堂练习

1. 下列局面当中轮到白方走棋，请你回答白方是否可以采取吃过路兵的方式处理。

（1）

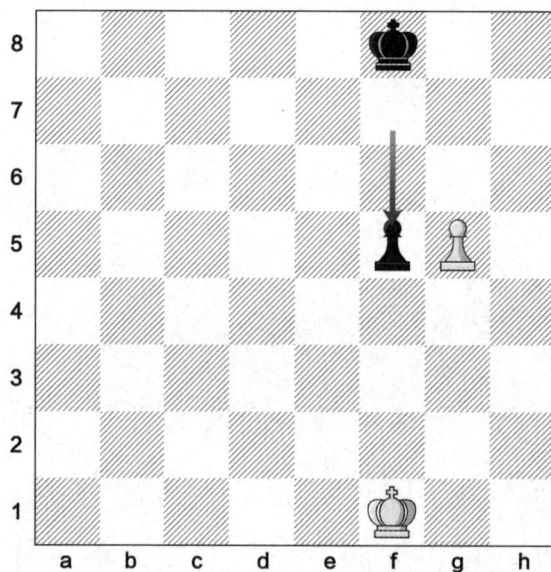

（2）

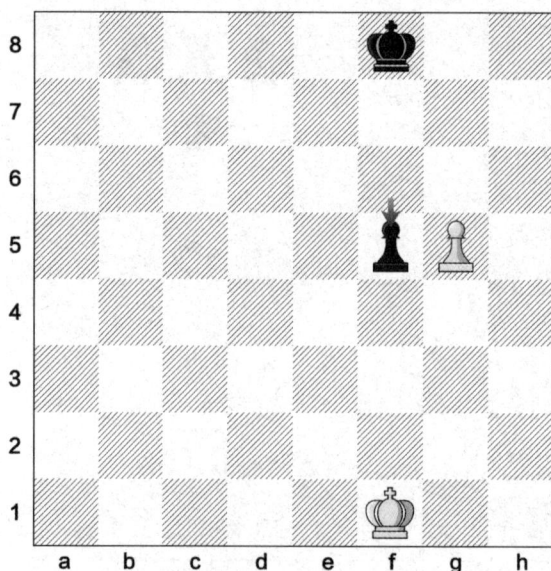

（3）

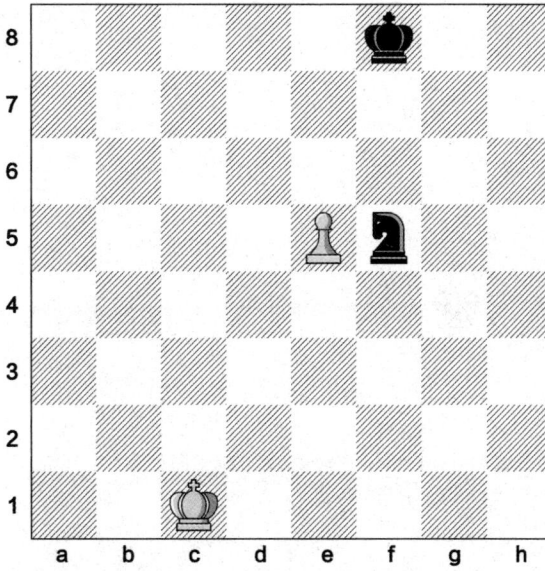

2. 下列局面当中轮到黑方走棋，请你回答黑方是否可以实施兵的升变。

（1）

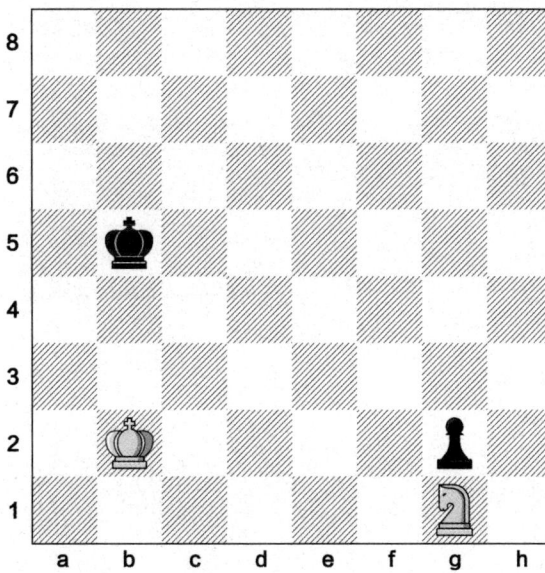

（2）

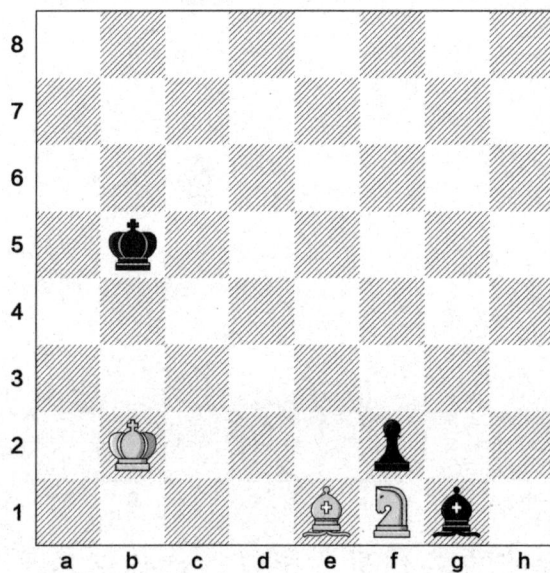

第7课 王车易位

学习重点

1. 学习并掌握王车易位的走法
2. 通过学习了解王车易位走法的特点

一、王车易位

王车易位简称"易位"，是王与车的一种组合性走法，下面我们来详细介绍。

1. 什么是王车易位

王车易位是国际象棋中唯一可以在一步棋中同时走动两个棋子的着法。在每局棋中，双方各有一次机会（或权利），可以在一步棋的过程中同时移动己方的两个棋子即王和车。

它的好处是快速使王进入安全区域，并使车易于出动和投入战斗。

2. 王车易位的走法

王车易位的走法是：王向参加易位的车的方向移动两格，然后车越过王走到王紧邻的格子上。

例如图37和图38中，王向王翼移动两格易位时，车移动两格；王向后翼移动两格易位时，车移动3格。前者称为"短距离易位"（或称"王翼易位"，简称"短易位"）；后者称为"长距离易位"（或称"后翼易位"，简称"长易位"）。

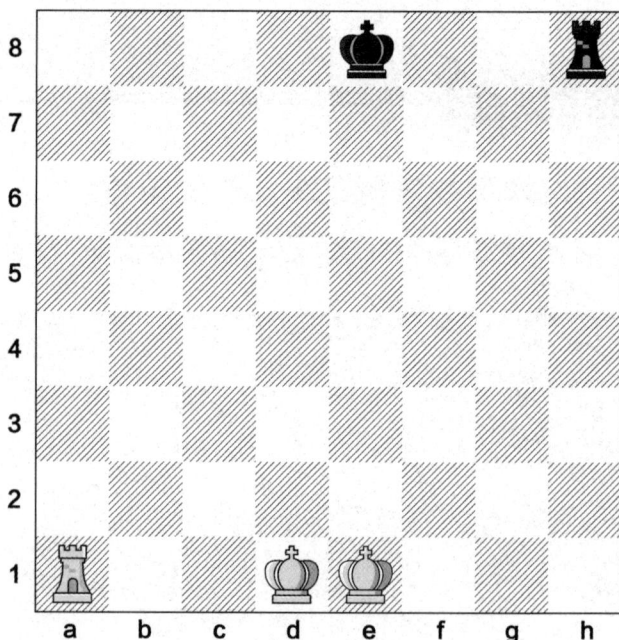

（图37）

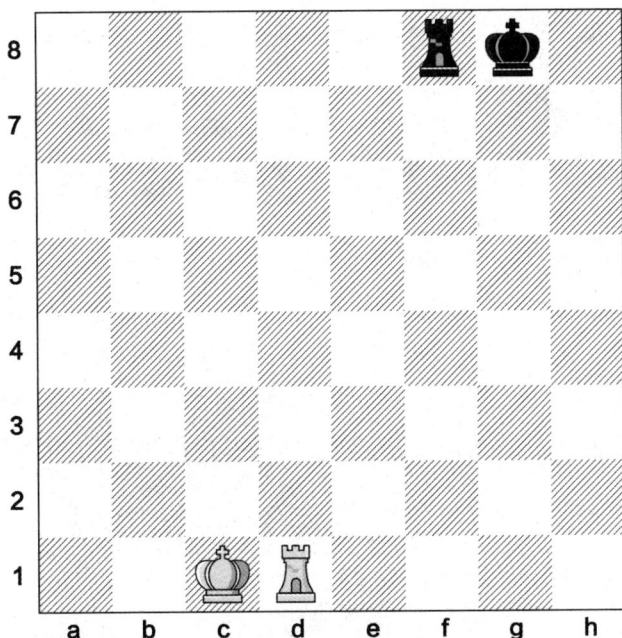

（图 38）

二、王车易位的条件

王如果遇到下列情况之一时，暂时不能进行王车易位。

情况 1：王正受到对方棋子的攻击。

例如图 39 的局面中，白方的王正在被黑方棋子将军，不能王车易位。

情况 2：王车易位后，王受到对方棋子的攻击（图 40）。

例如图 40 的局面中，白方的王如果易位将被将军，因此白方不能王车易位。

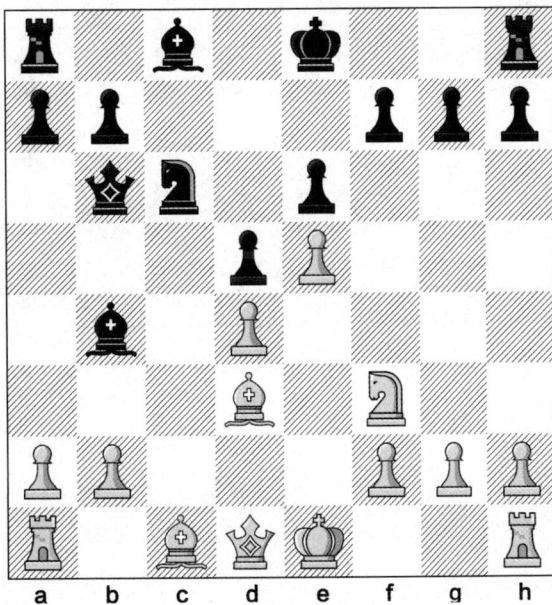

（图 39）

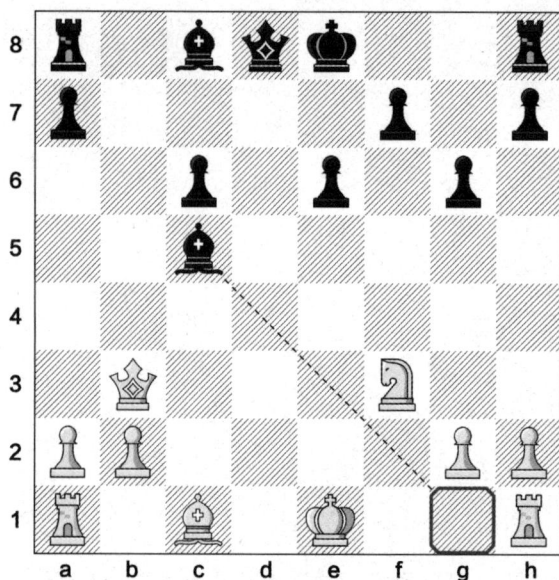

（图40）

情况3：王易位所经过的格子正在受到对方棋子的攻击（图41）。

例如图41的局面中，白王易位所经过的格子被黑方棋子控制，因此白王不能易位。

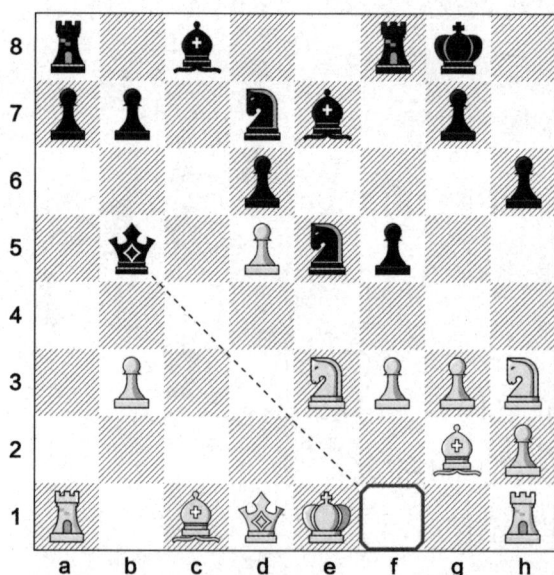

（图41）

情况4：在王和参加易位的车之间，还有其他棋子。

例如图42的局面中，黑方现在不能走短易位，因为白象在王和车之间。

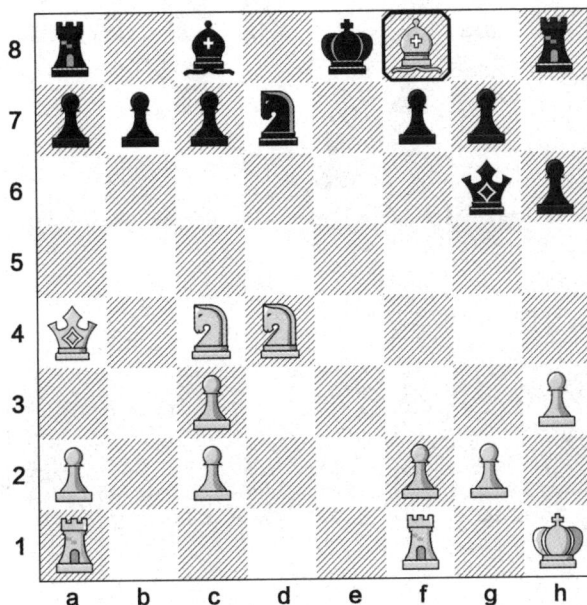

（图42）

王车易位在下列情况下则可以进行：

（1）王曾经被将军过，但王的位置没有变动过；

（2）参加易位的车正受到攻击；

（3）参加易位的车所经过的格子正受到对方棋子的攻击。

随堂练习

1. 下列局面当中轮到白方走棋，请你回答白方是否可以进行王车易位。

（1）

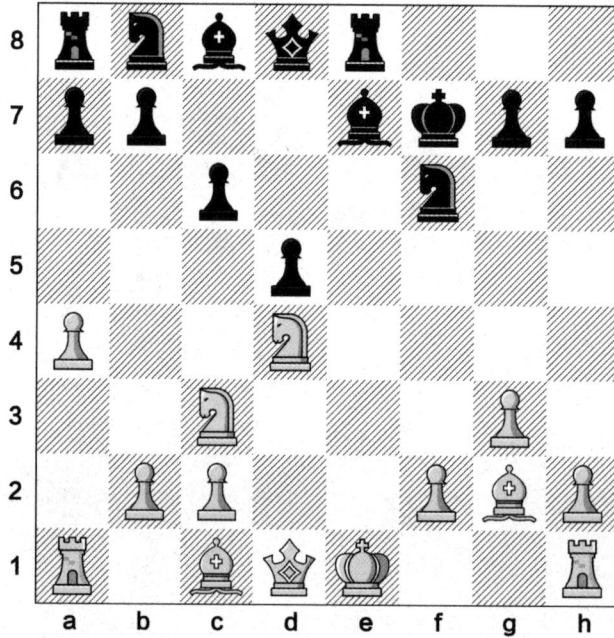

（2）

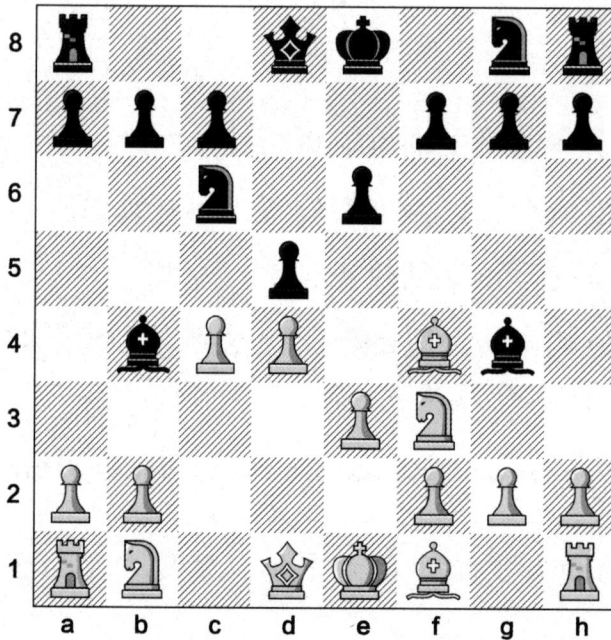

2. 下列局面当中轮到黑方走棋，请你回答黑方是否可以进行王车易位。

（1）

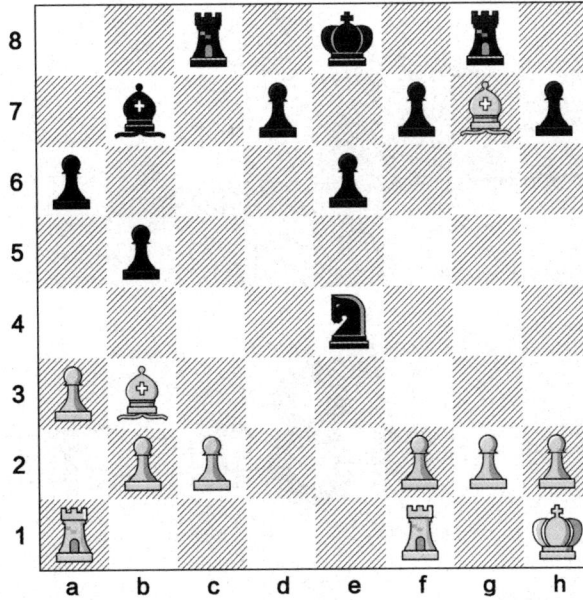

（2）

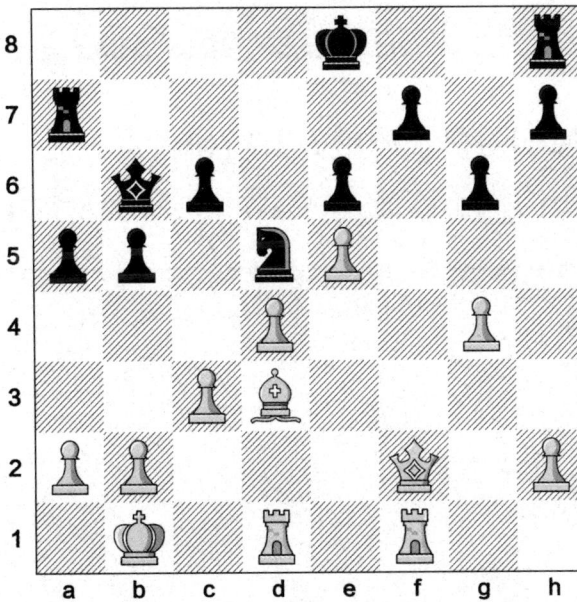

第8课 子力的价值

学习重点

1. 学习并掌握不同棋子的威力及行棋特点
2. 通过学习不同棋子的威力大小，加强对棋子价值的理解

一、棋子的价值

在对局中，双方一攻一守，不可避免地会发生相互吃子的情况。为了在兑换棋子时不吃亏，我们必须了解各种棋子的价值。

1. 什么是棋子的价值

除了王以外，其他棋子的价值都是由它们所产生的威力决定的。威力大的棋子价值自然也高。如果以兵为计算价值的单位，各种棋子的价值大致如下：

兵—1分 象—3分 马—3分 车—5分 后—10分 王—无价

象和马是等价子力，一个车抵一个半象（或马），一个象（或马）抵3个兵，依次类推。

以上数据可以帮助我们快速判断局势，也可作为对局兑子时的依据。如果在棋盘上看到一方子力比另一方的多，在这种情况下我们称为一方有子力优势。一方在巨大的子力优势条件下很容易将杀对方的王。

图43中，白方正在将军黑王，黑方肯定要应对，接下来我们将双方棋子的数量填在表格中，通过比较双方总值就能清楚哪一方占优，从而做出正确的选择。

通过表格中棋子的分值总和，我们得出的结论是白方占优，具有子力优势。

图44的局面是刚学棋的两位新手下出来的：1.e4 e5 2.马f3 马c6

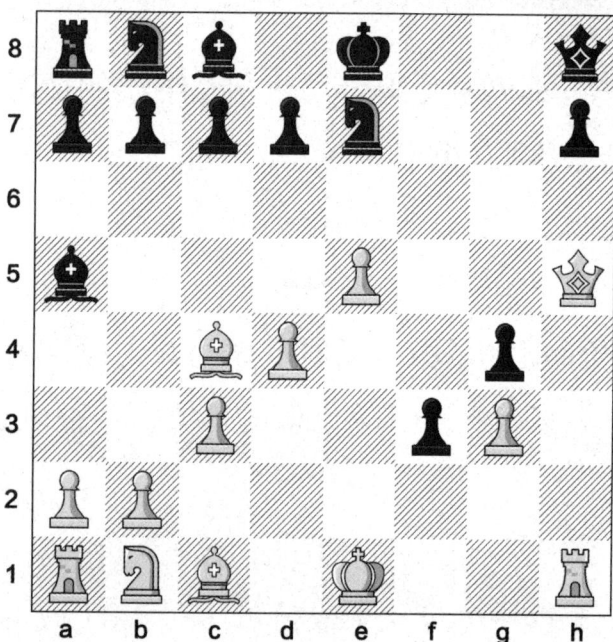

棋子数量	白方分值	黑方分值	棋子数量占优方	
后（）				
车（）			白方总值（）	黑方总值（）
马（）				
象（）				
兵（）				

（图43）

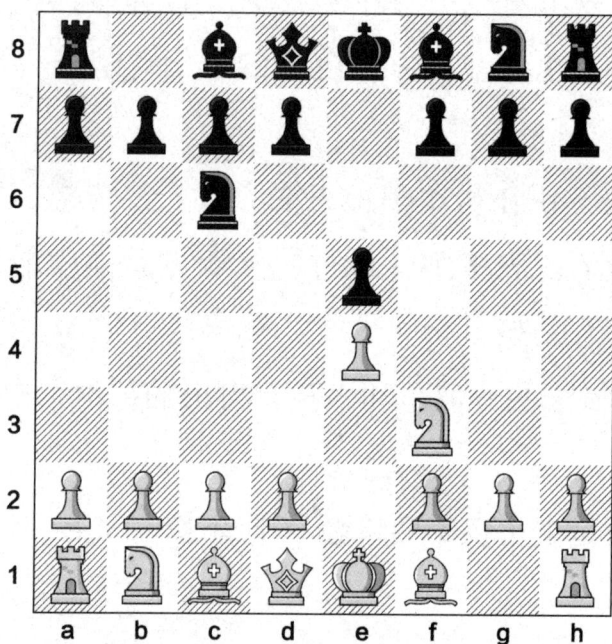

（图44）

白方接着走 3.马 × e5 马 × e5　4.f4 d6　5.f × e5 d × e5

仅仅几个回合之后，棋盘上双方所剩的棋子数量已经发生了不少变化。这样的变化是由于子力兑换造成的，你能找出对局中哪一方出现问题了吗？

没错，虽然目前双方看似势均力敌，但是两位棋手在短短5步棋的过程中已经各自犯了错误。

白方在第3回合时用马交换了黑方的兵，要知道马的价值要比兵高，显然白方此举是吃亏了。而黑方在第4回合时，面对白方f兵对e5马的威胁，采取用兵保护马的方式也是不对的，这给了白棋重新找回子力均衡的机会，黑方犯了和白方一样的错误。

2. 棋子价值的灵活变通

棋子的价值不是绝对一成不变的，同样的棋子由于在对局的不同阶段中所处的位置不同，活动范围的大小不同，其价值也会不同。需要我们根据不同的棋局，灵活地看待。

为进一步理解棋子价值的变化，我们把各种棋子控制格子数的最大值和最小值列出来：

	兵	王	马	象	车	后
控制格子数的最大值	2	8	8	13	14	27
控制格子数的最小值	1	3	2	7	14	21

在以上数字中，被认为是等价的马和象控制的格子数差别很大。这个情况是可以解释的：象控制的格子数虽然比马多，但是它只能控制单一颜色、处于同一线路的格子；而马每走一步就改变它所控制格子的颜色，从理论上讲，它能走到棋盘的每个格子上去。

我们通常把象称之为远射程攻击子力，而马是短射程攻击子力，马和象的作用是大不相同的。因此，综合全面因素考虑，可认为马和象是等价的。

二、得子与丢子

通常，下棋时聪明的棋手会想方设法去寻求用价值较低的棋子与对方价值较高的棋子进行交换的机会，做"划算"的买卖。这样的子力交换，被称作得子，反之被称作"失子"。例如，用己方的兵换取对方的马或者象，用己方的车与对方的后交换等属于得子。

当然，前面提到的子力价值只是在静态情况下一个常规的评估。在对局实战过程中，每个棋子由于处于棋盘的不同位置，发挥着不一样的威力。下棋时大家务必头脑灵活，不拘泥于固定的条条框框，根据棋盘上的实际情况果断地、有创造性地做出决策。

国际象棋历史上曾经出现过一个"不朽对局"，该对局是1851年伦敦国际比赛中的一局，执白的是棋史上第一位非正式世界冠军德国国际象棋棋手安德森，他在弃去后、双车和一象之后，最终将杀对方，而对方还拥有全部的重子和轻子。在弈了21个回合之后，形成了图45的局面。白方的最后两步是

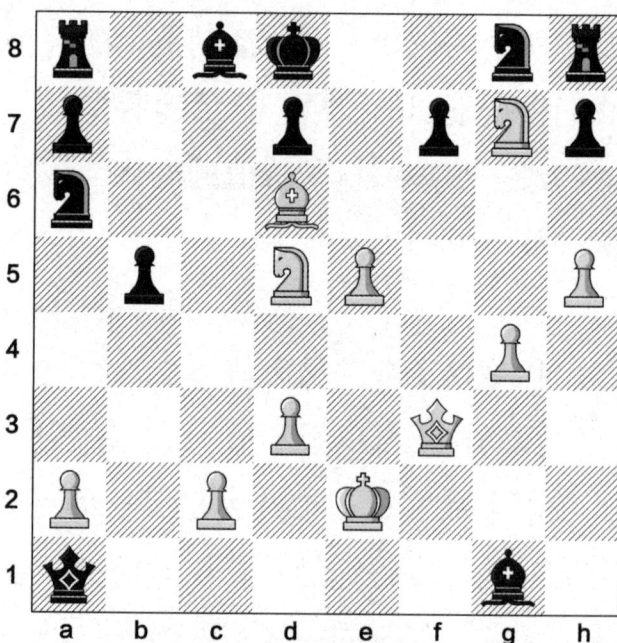

（图45）

精彩的弃后将杀，其着法如下：

22.后f6 马×f6 23.象e7 白胜。

黑方的棋子除了兵之外几乎毫发无损，而白方就凭借着几个数量有限的棋子组合杀王，获得了对局的最后胜利。

随堂练习

1. 请你根据棋子威力的分值大小，对棋子进行排序。

2. 下列局面当中轮到白方走棋，请你根据棋子的价值大小判断白方是否需要采取相应行动。

（1）白方走1.后×d7好不好？

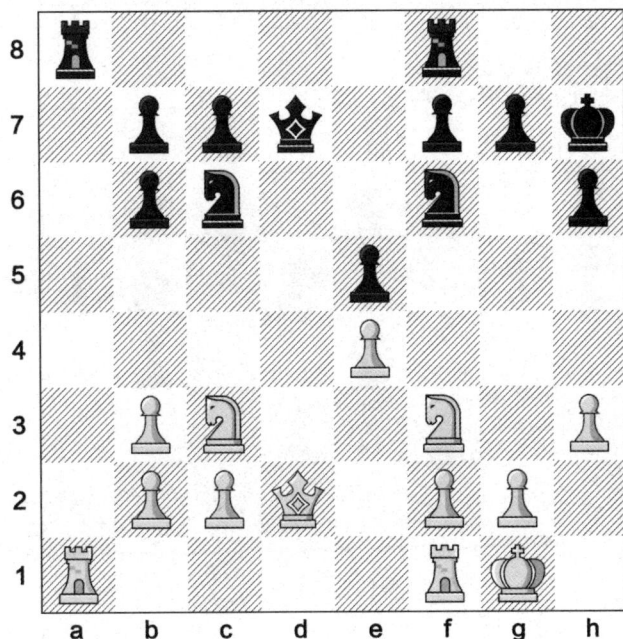

（2）白方走1.象×h7好不好?

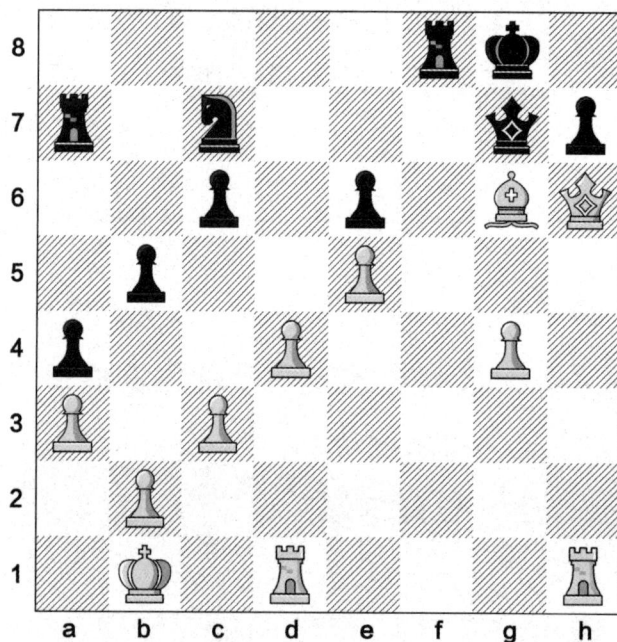

（3）白方走1.马×e5好不好?

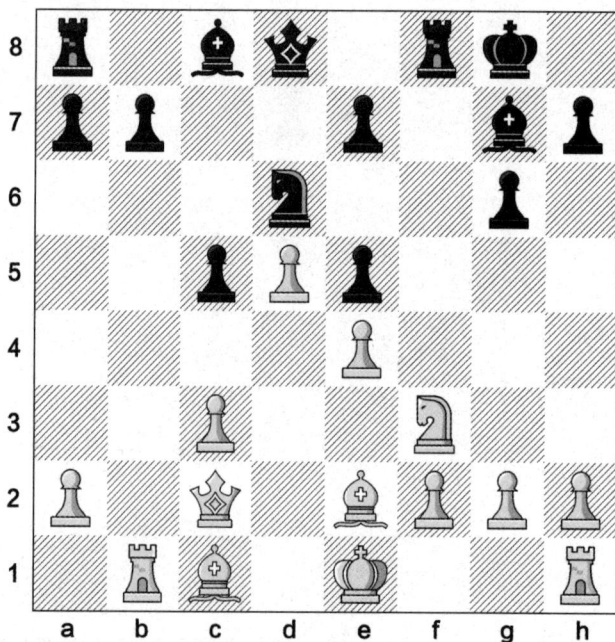

（4）白方走1.象×e4好不好？

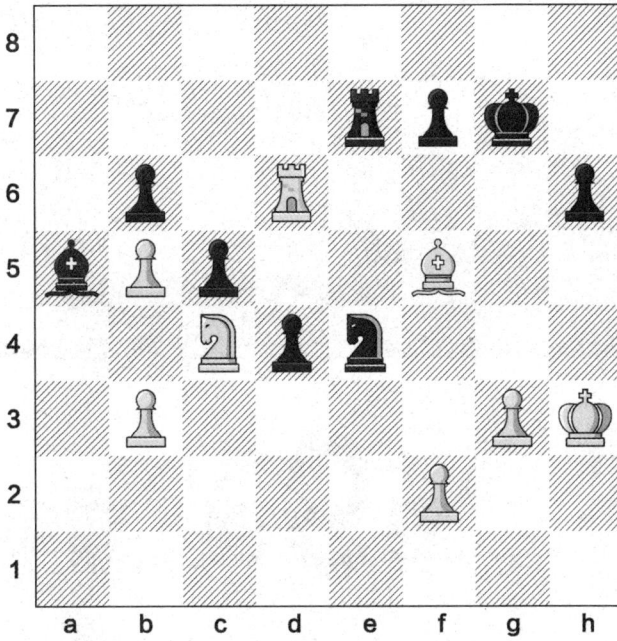

第9课 将军和应将

1. 学习并掌握将军与应将的知识要点
2. 了解不同应将方式，学会用最佳的方式应将

一、将军和应将

将军的英文为Check, 是指攻击王的走法。只有先学会了如何攻击王, 才有可能将王擒获（即"将杀", 将在下一课介绍）。

图46中, 轮到黑方走棋, 黑方可以通过多种不同的走法将军。

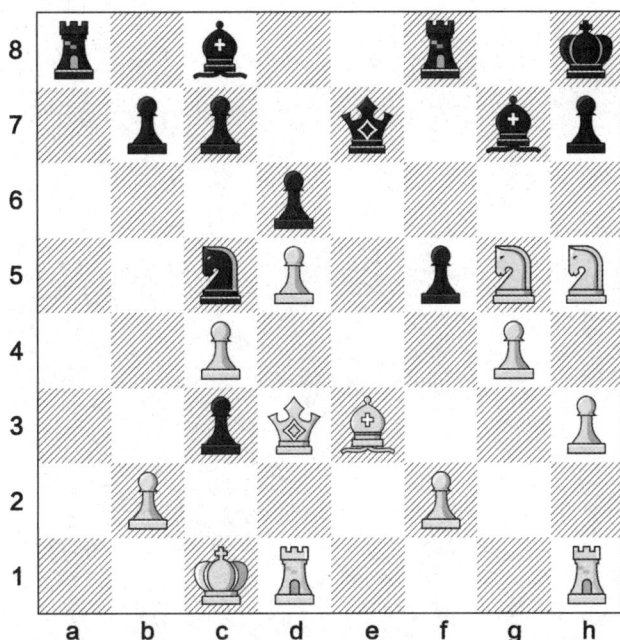

（图46）

方法1：黑方走1...c×b2, 用兵消灭白方b2兵, 黑兵在b2格威胁、消灭白方位于c1格的王, 产生将军效果（图47）。

方法2：黑方走1...后×e3, 用后消灭白方e3象, 产生将军效果（图48）。

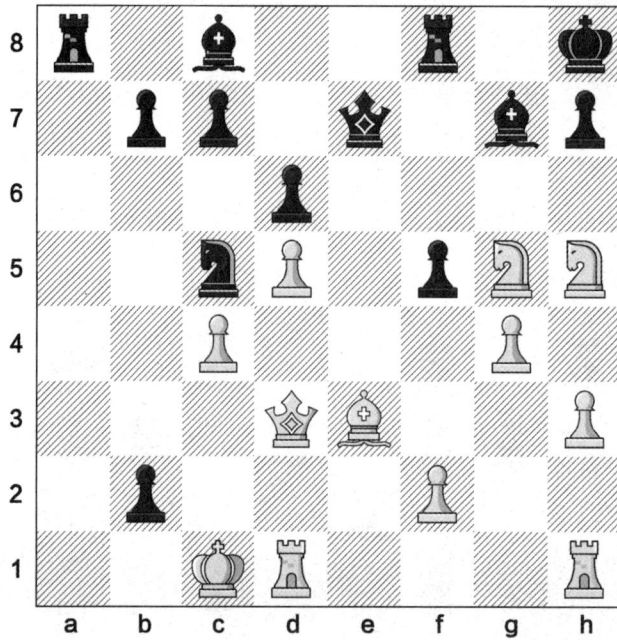

（图47）

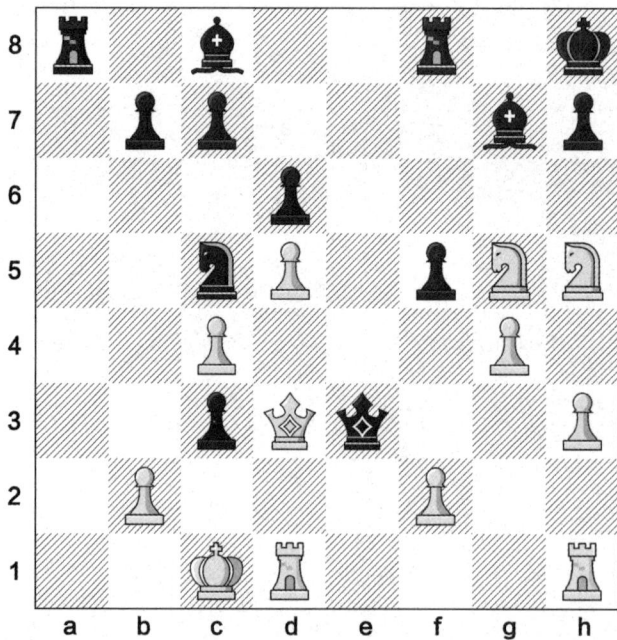

（图48）

方法3：黑方走1...车a1，车抵达底线，产生将军效果（图49）。

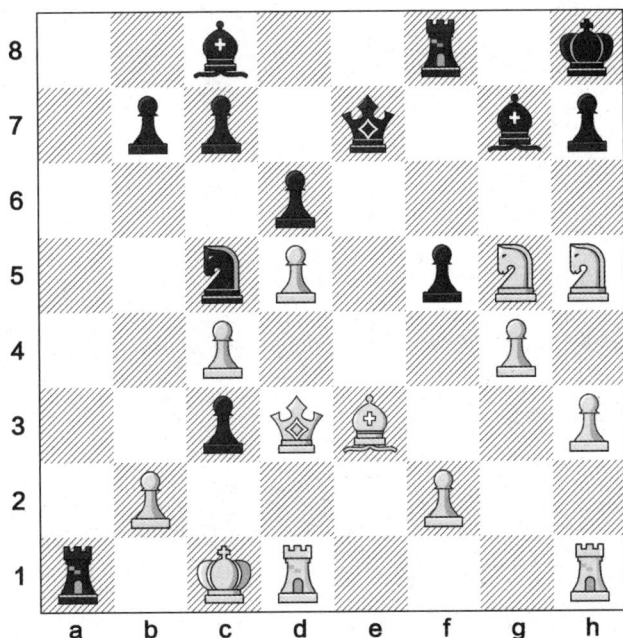

（图49）

以上讲述的3种将军方法，有的是一步好棋，有的虽然达到了将军的效果，手法却不一定高明。此外，除了上面提到的这3种将军方法，黑方还有2种将军方法，你能想到吗？

（回答提示：1...后×e3将军，等于用后换白方象，效果不好。黑方还可以采取跃马到b3或跃马消灭白方d3后的方法将军。）

在对局中，我们可以根据形势的需要，把后、车、象、马、兵任凭对方吃掉或者主动送给对方吃，但是国际象棋规则中不允许把王任凭对方吃掉或主动送吃。如果出现这种情况，则已走的一步棋作废，重走一步，并作为违例一次。

因此，一方的王被将军时，必须马上做出应对，确保王不处于被消灭的威胁状态当中，这就叫作应将。

二、应将的方法

图50中的黑王正在被白车将军，黑方如何应将呢？

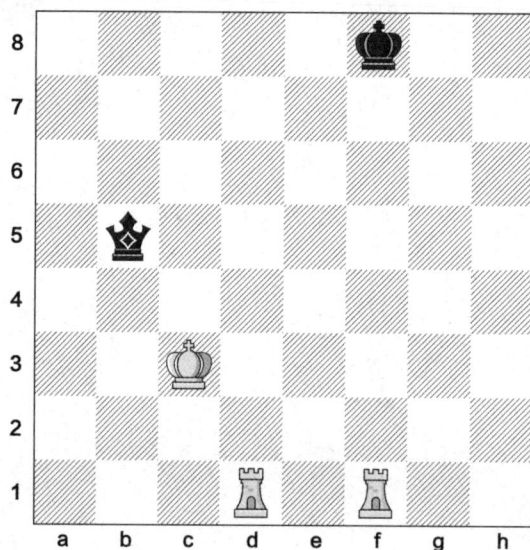

（图50）

1. 消将

消将指消灭对方正在将军的这个棋子（图51）。例如黑方用后消灭白方f1的车。

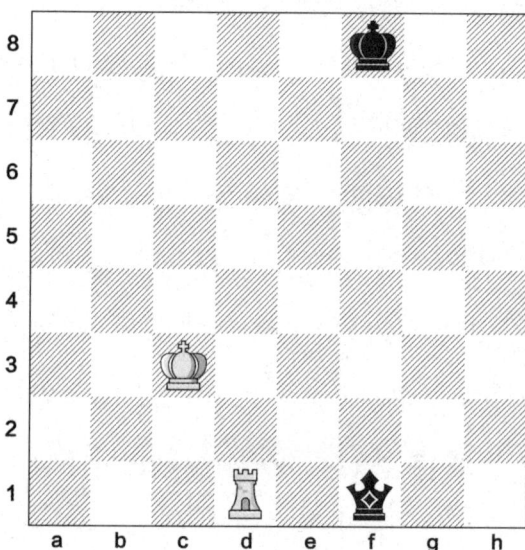

（图51）

2. 避将

避将指将王转移到对方棋子的攻击范围之外（图52）。例如黑王躲避到g7格。

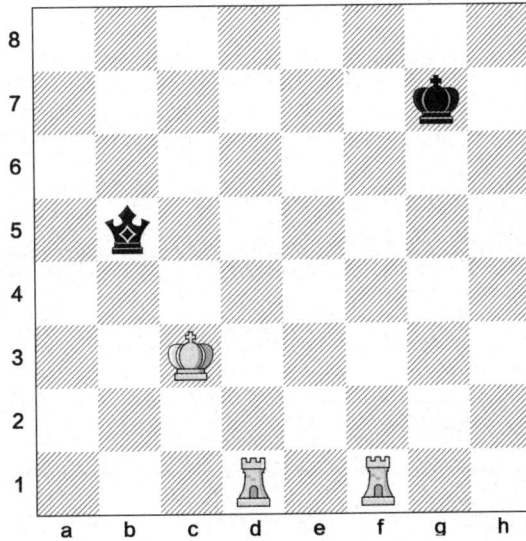

（图52）

3. 垫将

垫将指将己方另外一个棋子放置在对方正在将军的棋子和己方的王中间（图53）。例如黑后走到f5格。

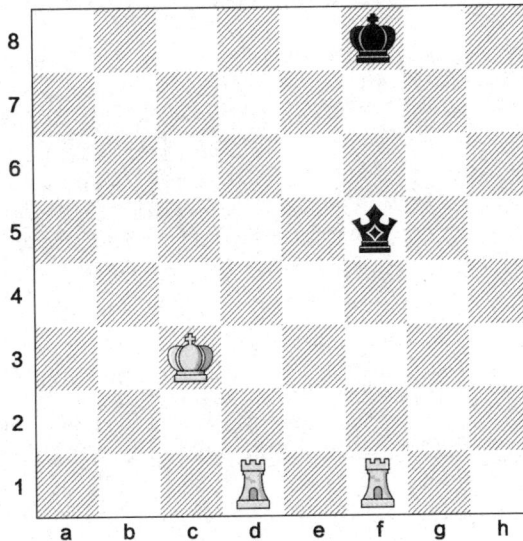

（图53）

3种应将方法带来不一样的结果，经过分析我们可以看到，采取消将方法时，黑方相当于用后换车；采取垫将方法时，黑方白送了一个后；采取避将方法时，黑方不损失棋子。

需要说明的是，当对方用"短兵器"（马或兵）将军时，垫将的方法显然就不适用了。当对方的"远射程棋子"（后、车或象）与被将军的王相距大于一格时，我方才有可能用垫将的方法来应将。

这样，我们便总结出了一个小窍门：当一方的王受到对方马或者兵的将军威胁时，不能用第3种应将方法。面对马和兵的将军威胁，谁也无法让另外一个棋子挡在中间起到阻隔的作用。

随堂练习

1. 下列局面中轮到白方走棋，请你判断白方的哪种将军走法是最好的。

（1）白方走1.c7还是1.象c7将军？

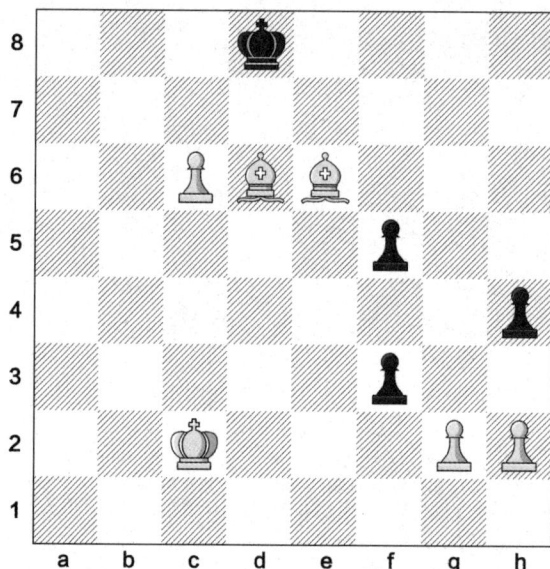

（2）

白方走1.象e5还是1.象g5?

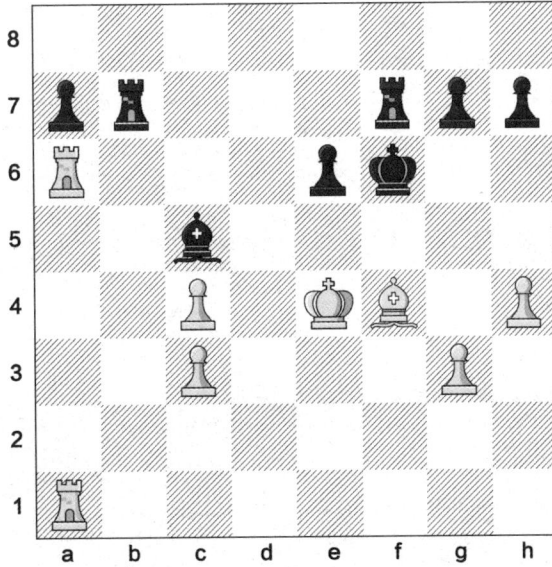

2. 下列局面中轮到黑方走棋，请你帮助黑方找到应将方法。

（1）

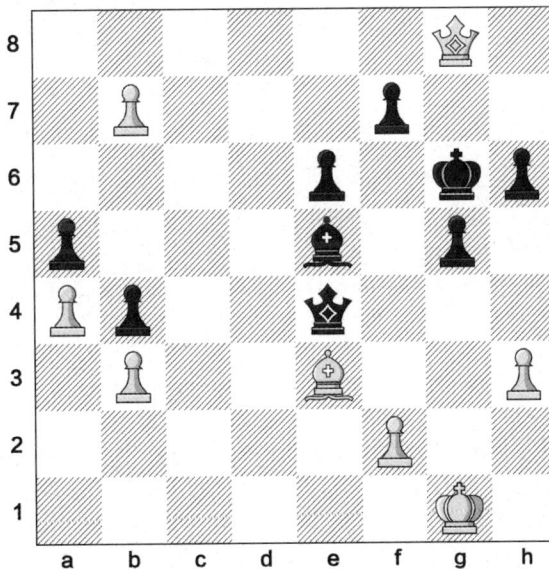

（2）

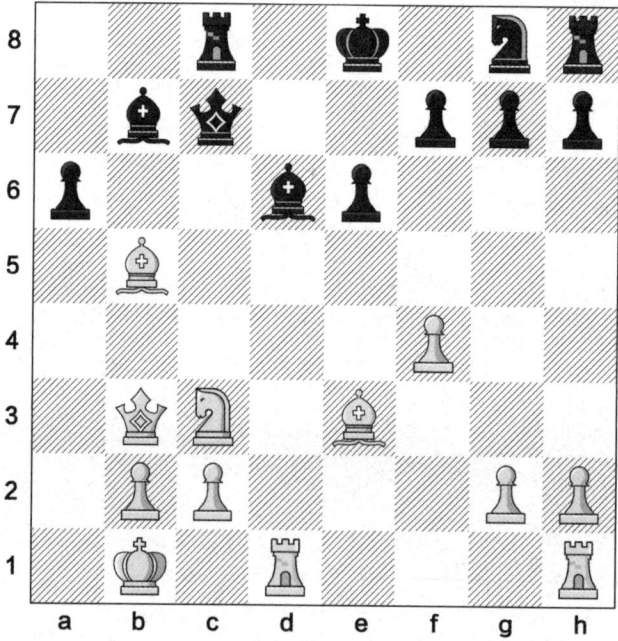

第 **10** 课 将杀与王的安全

一、王的安全

国际象棋中王的安全是至高无上的第一法则。为什么这么讲？因为当一方的王被对方将杀无处可逃的时候，整局棋即刻以另外一方的胜利宣告结束。也就是说，棋局中其他任何棋子的安全在王的安全前提下都变得无足轻重。因此，在棋局过程中，时刻注意保护己方王的安全是棋手最需要牢记的重要准则。

二、将杀

1. 什么是将杀

如果被将军的一方无法用以上3种方法应对，那么也就意味着被将军的王被活捉将杀，我们就称之为将死，对局以成功将杀王一方的胜利而告终。当一方被将杀时，我们在这一着棋的后面加上"#"，表示将杀。

例如图54的局面中，白方正用后将军，轮到黑方走，很明显，黑方既不能消将，也不能垫将或避将，属于被将杀而输棋，白方获胜。

后、车、马、象和兵都可以实施将杀。因为任何一方都不能把王送到对方棋子的攻击范围之内，因此王不能直接将杀对方的王。王可以参与战斗，成为进攻主力军，对己方的发挥攻击作用的棋子起到支持保护作用。

图55，黑方的王被控制在棋盘底线，现在白方只需要走1.后a8便可以实现将杀，获得胜利。

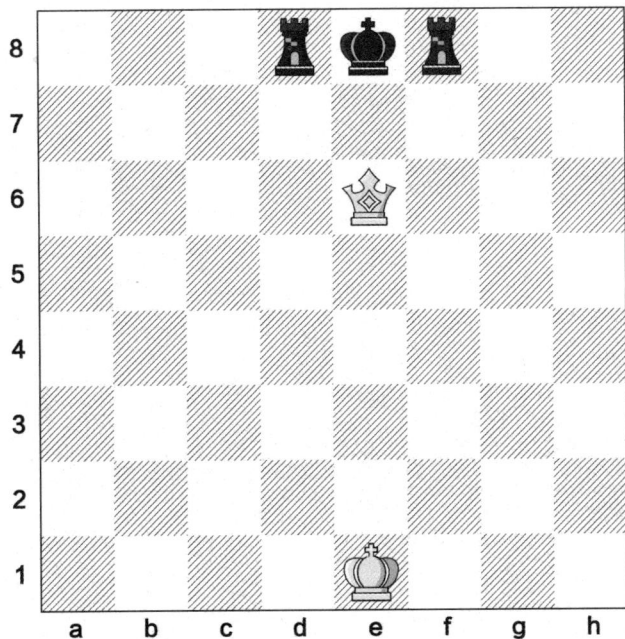

（图54）

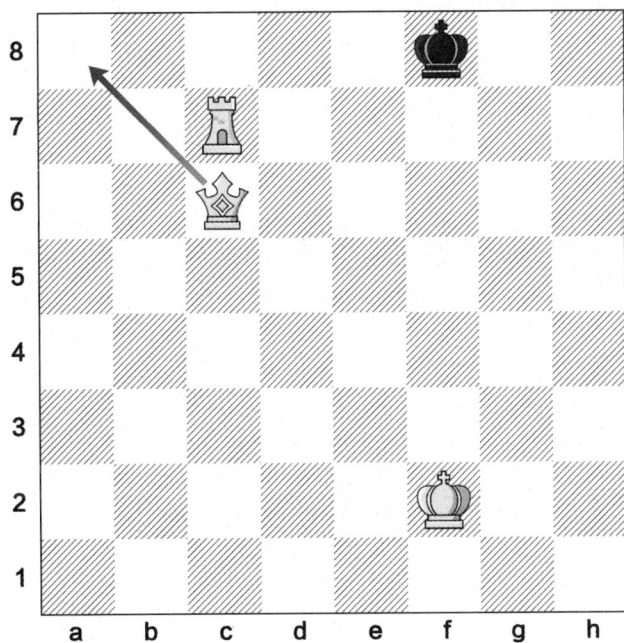

（图55）

白方还可以采取另外一种将杀方法：1.后f6王e8 2.后e7。白车保护着位于e7的后，黑王在e8无处可逃，被将杀（图56、图57）。

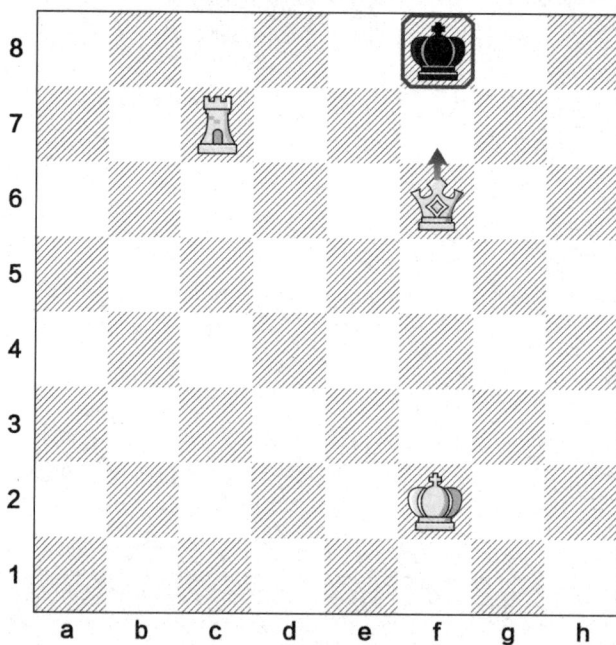

（图56）

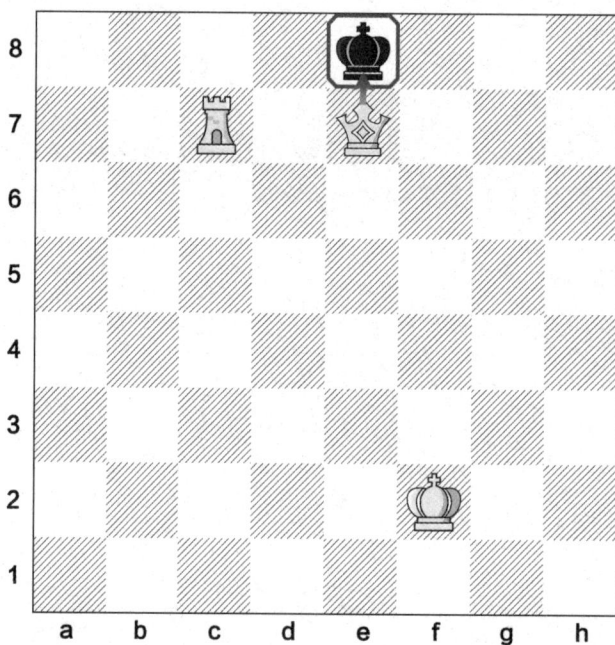

（图57）

2. 将军、应将和将杀

为了加深对"将军""应将"和"将杀"的理解，接下来我们看图58的局面。

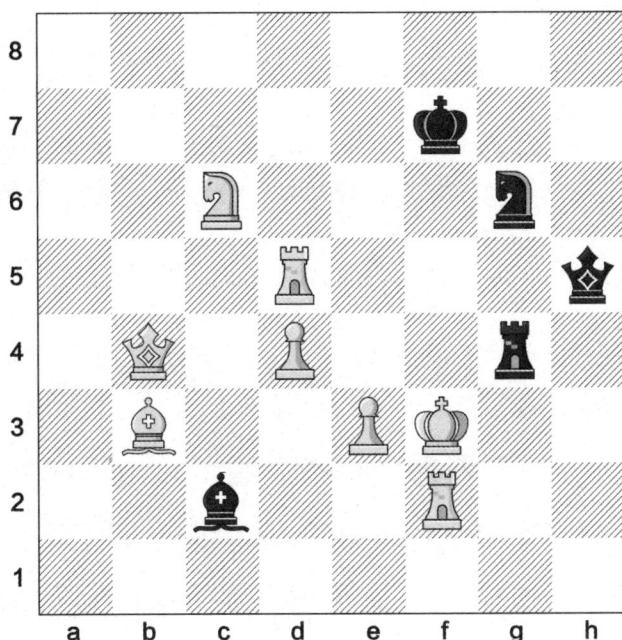

（图58）

这里，白王只有一步棋可走，就是走到e2；而黑王可走到的格子却有5个：e6、e8、f6、g7、g8。

如果现在轮到白方走，白方可以用多种走法进行将军。

例如白后可走到b7、e7或f8进行将军；白方的d5车随便走一步，b3上的象都对黑方王进行将军。

当走动的棋子本身不进行将军，而是由它后面的棋子进行将军时，我们称之为"闪将"。白王走到e2也是"闪将"（在它后面的f2车进行将军）。

如果白方的d5车走到f5或d7，那么就同时有两个棋子（即白车和白象）对黑王进行将军，这称为"双将"。遭到双将时，应将的唯一方法是避将，即王离开被攻击的格子，因为被将军一方不可能在一步棋内同时吃掉对方两个将军的棋子进行消将，也不可能同时用己方的两个棋子垫将。

如果这个局面轮到黑方走，黑方也可以有多种走法进行将军：黑后到h1、h3或f5，或吃掉白方的d5车进行将军；黑象到d1、e4进行将军；黑马到e5或h4进行将军；黑车随便走一步都是闪将，而到f4或g3就是双将（车和后同时进行将军）。

然后我们来看一下，当黑方的车走到g5进行闪将时，白方该如何应将？

白方的d5车因为被黑方的g5车阻隔，已经不能吃掉进行将军的黑后，第一种应将方法即消将已经不适用了；由于白方没有任何一个棋子可走到g4，所以第二种应将方法即垫将也没有可能运用；最后一种应将方法是避将，然而白王原先唯一能去的e2已经受到黑后的攻击，所以这种方法也无法实施。

因此，此时白方已经被黑方将杀，对局结果是黑胜、白负。而黑方车到g5这一步棋称为"杀着"。

三、一步杀

下面列举一些走一步棋就可以将杀对方的局面，来研究一下一步杀局面的特点。

在图59的局面中，黑方王可以活动的8个格子都受到白方子力的攻击，此时如果轮到白方走，白方只需要把位于b3的兵向前挺进至b4便造成将杀。

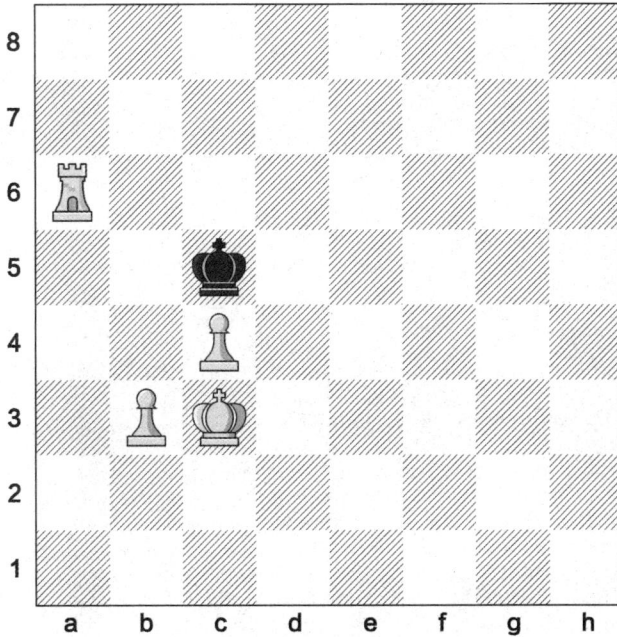

（图59）

但是，假如轮到黑棋走呢？那白方可太不走运了，黑方的王无处可走，又不处于被将军的状态，是和棋（在第13课中我们会介绍国际象棋的一种特殊和棋方式——逼和）。

在图60的局面中，处于边线的黑王可以走到的5个格子中有3个遭到白王的攻击，白方只要用后横平或斜退至黑王所在的直线，即走到a7或a1，攻击其另外两个可以走动的格子进行将军，即可将杀黑方。

在图61的局面中，黑王也在棋盘边（底线）上，能走到的5个格子中有3个被己方的兵占领着，白方只要把车行进至底线a8，攻击其另外两个可以走动的格子进行将军，就能将杀对方。

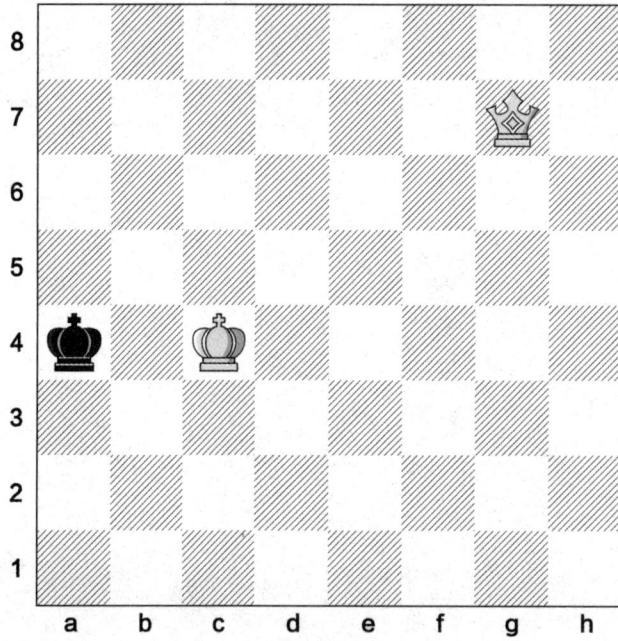

（图 60）

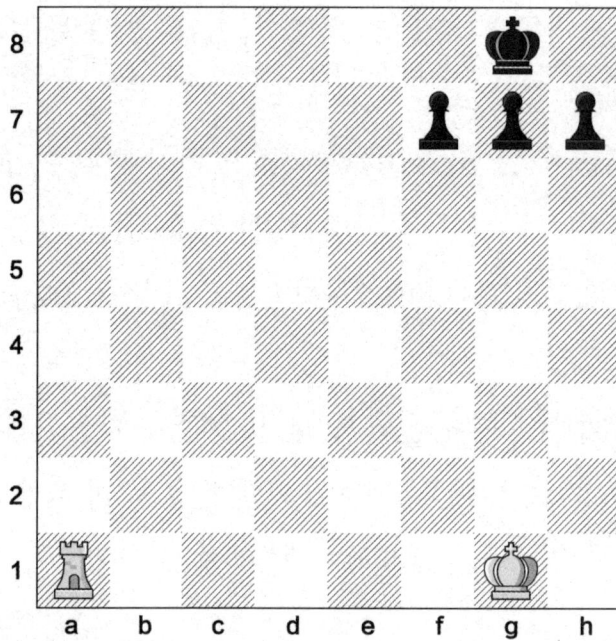

（图 61）

从上面3个局面的研究中，我们可以发现，要造成将杀的局面，就是要同时攻击对方王能走到的格子和它所在的格子，需要同时攻击的格子数量最多是9个（对方王在棋盘边上则是6个，在棋盘角上最少，只需4个）。

随堂练习

1. 下列局面中轮到黑方走棋，请你根据棋局形势判断黑王是被将军还是被将杀。

（1）

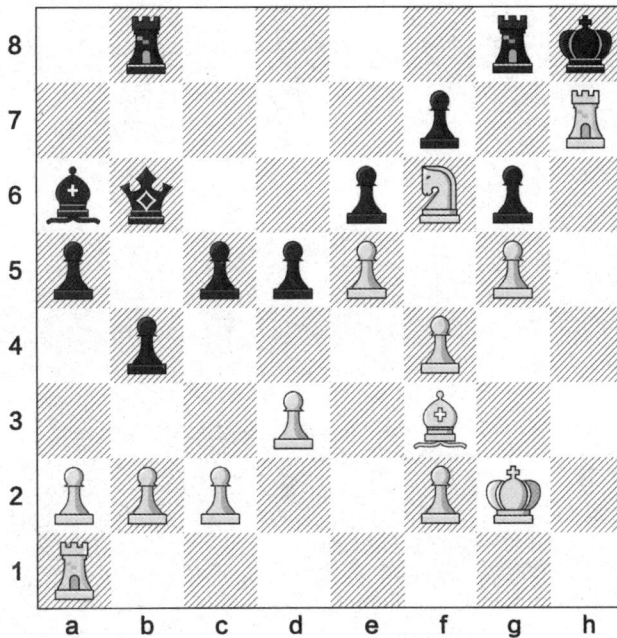

（2）

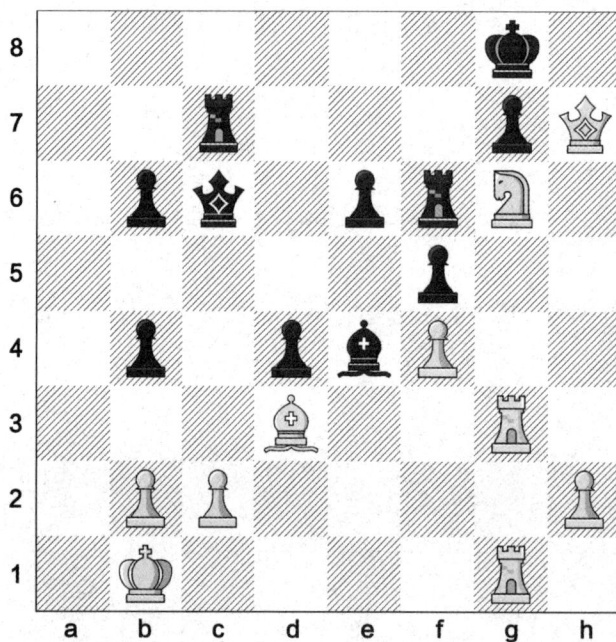

（3）

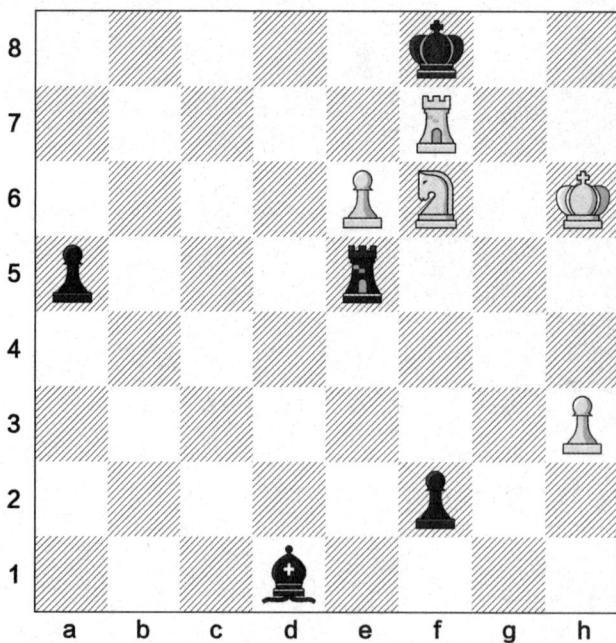

2. 下列局面中轮到白方走棋，请你为白方找出一步杀的正确走法。

（1）

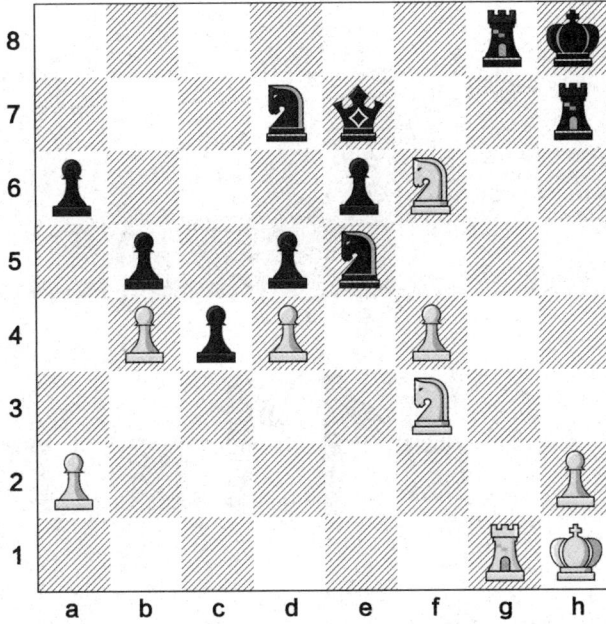

（2）

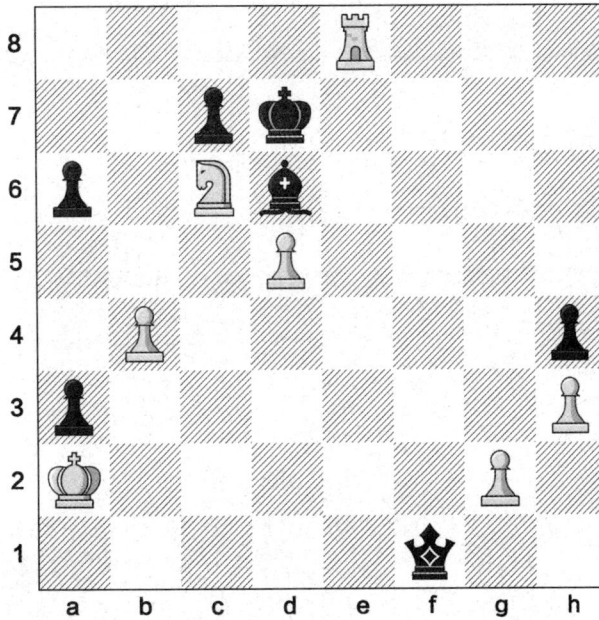

第11课 胜负判定

1. 学习并掌握判断棋局胜负的知识要点
2. 加强对将杀知识的练习和理解

一、将杀对方的王

让我们复习一下：如果被将军的一方无法用消将、避将或垫将中任何一种方法应对，那么也就意味着被将军的王被活捉将杀，对局以成功将杀王一方的胜利而告终。

图62中，白方下一步棋采取1.马e6的走法，黑方的王可能走的几个格子都在白方棋子的控制范围当中，黑王无处可逃，被将杀，白胜。

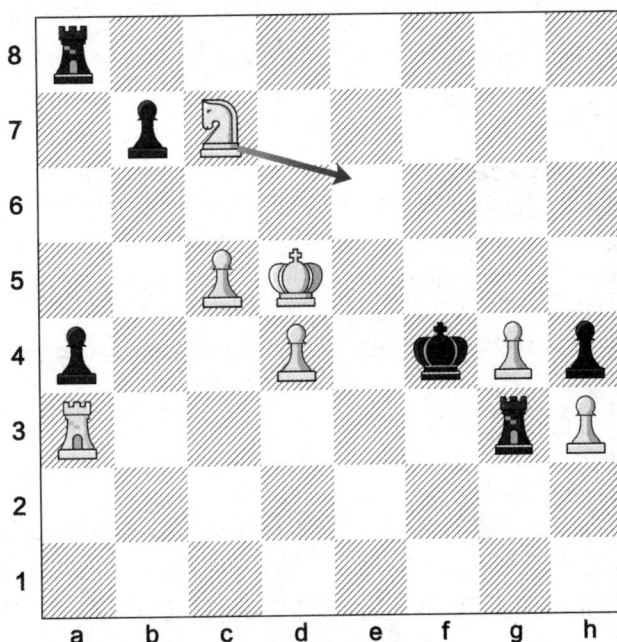

（图62）

二、对方认输

双方子力悬殊，处于弱势的一方缴械投降。

三、对方在比赛中超过规定的走棋时限

一方在规定的比赛时间要求内没有完成己方的行棋步数要求，因为时间的原因被判负。

四、对方比赛迟到超过允许界限

一些比赛对棋手抵达赛场的时间进行明确要求，如果开赛后一方没有按时到场，会判定另一方获胜。

五、对方严重触犯棋规则被裁判判负

比赛过程中一方出现严重犯规的行为，裁判将判定另外一方棋手获胜。

随堂练习

1. 请你用自己的话总结归纳棋局胜负结果判定的几种情况。

2. 下面的局面中轮到白方走棋，请你判断白方是被将杀还是被将军。

（1）

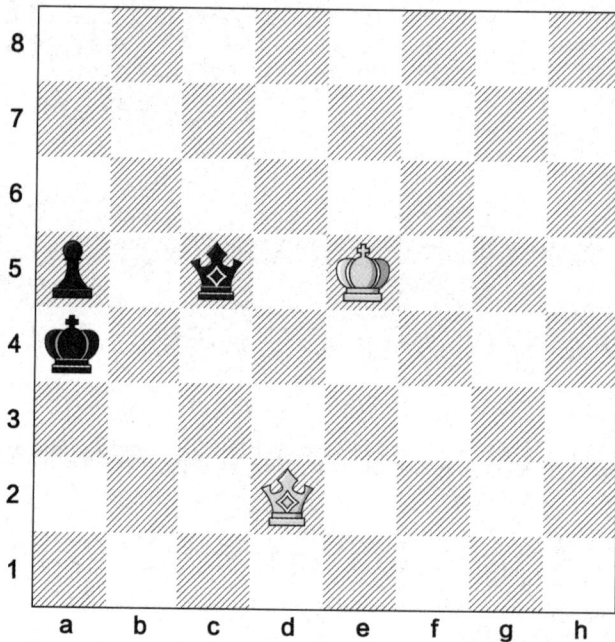

（2）

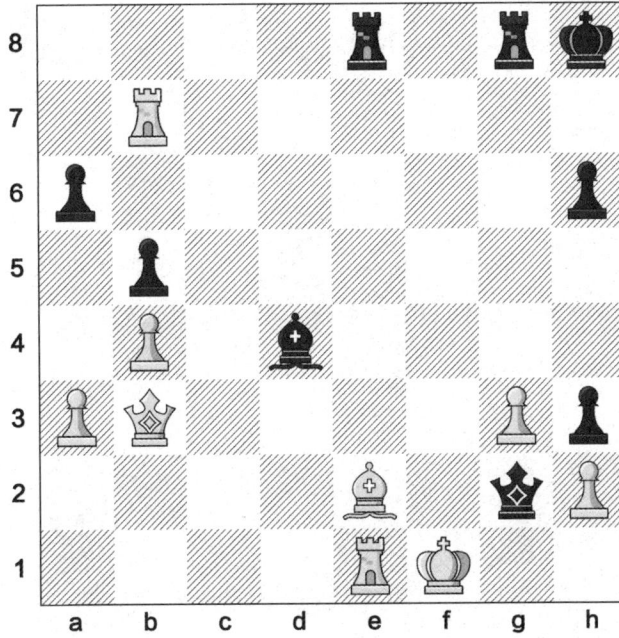

（3）

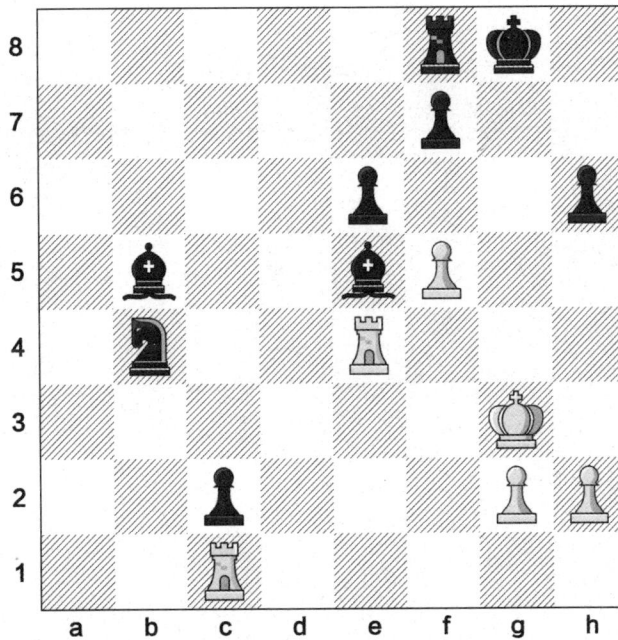

（4）

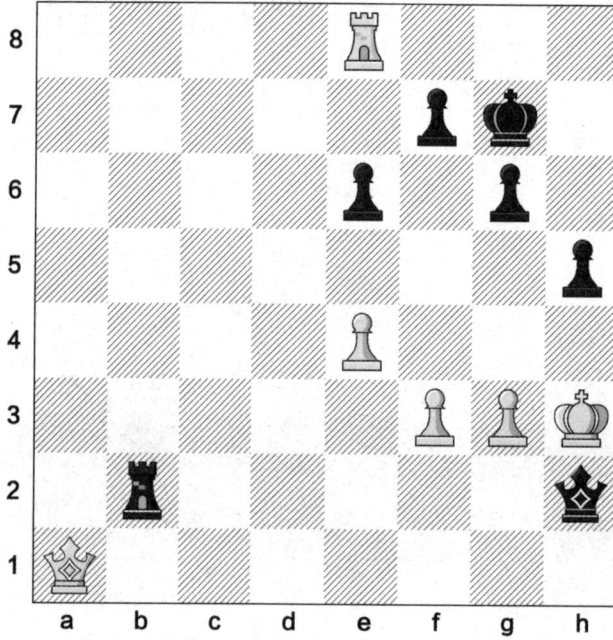

第12课 和棋判定（一）

学习重点

1. 学习并掌握几种常见和棋的规律特点
2. 通过实战对局加强对本课关于和棋知识的理解

一、长将和棋

我们已经知道，棋局可能以一方将死另一方而结束，但也有可能是以和棋而结束。在比赛中计算成绩时，赢棋得1分，输棋得0分，和棋双方各得0.5分。

长将和棋指的是一方可以连续将军，另外一方的王无法从被将军的状况当中逃离出来。通常，长将和棋是劣势的一方挽救败局的求和方法。

例如图63的局面中，白后即将至b7将杀黑王，对此，黑方无解救之策，但是轮到黑方走，黑方可以用后行至g4将军，白方唯有把王走至h1，黑后再到f3对黑王将军，白王唯有回到g1原处；于是黑后再回到g4将军，白方唯有再把王走到h1；黑后再到f3将军。如此循环往复，白方王不能避免被连续将军，按规则判定为和棋。

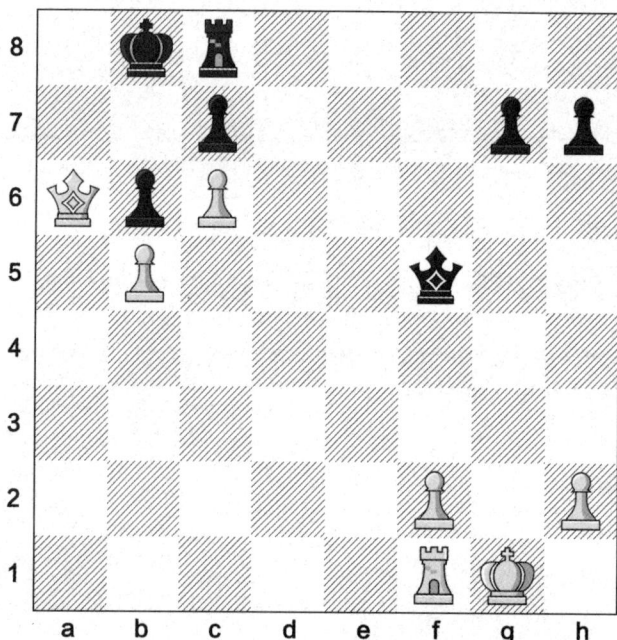

（图63）

在图63的这个案例中，黑方实施长将需要走得十分谨慎，在第2步黑后进行将军时，黑后只能走到f3才行，如果走到e4，那么，白方就能把兵走到f3垫将，黑方的将军就不能再持续了（图64）。

例如图65的局面中，黑方比白方少了一个象，子力数量处于劣势。此时，黑方可以通过不断将军白方的王达到长将和棋的目的。

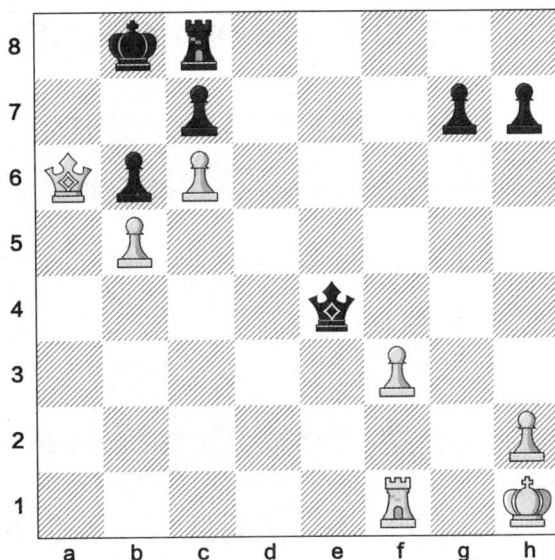

（图64）

1... 后f1 2.王h2 后f2 3.王h1 后f1 4.王h2 后f2 长将和棋。

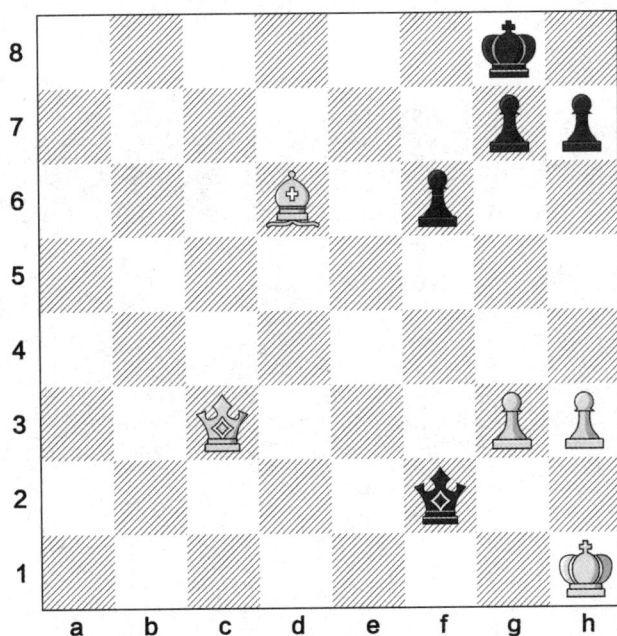

（图65）

二、建议和棋

建议和棋指的是对局过程中，一方棋手提出和棋建议，另一方表示接受。此时，对局的结果为和棋，双方棋手不再继续战斗。

不过，在一些比赛当中建议和棋有特殊规定，例如30回合之内不能提和等。

三、三次重复和棋

三次重复和棋指的是相同局面第三次重复（不一定是连续的）出现，并且每次都轮到同一方走棋。这时，轮到走棋的一方可以提出判定和棋的要求，如果经裁判审查情况正确无误，这局棋将判定为和棋。

例如图65中，轮到白方走棋，此时黑车将军白王，假如棋局后续的走法是：1.王f3 车f5 2.王e3 车e5 3.王f3 车f5 4.王e3 车e5，相同的局面（图66）便出现了三次重复，棋局将判定为和棋。

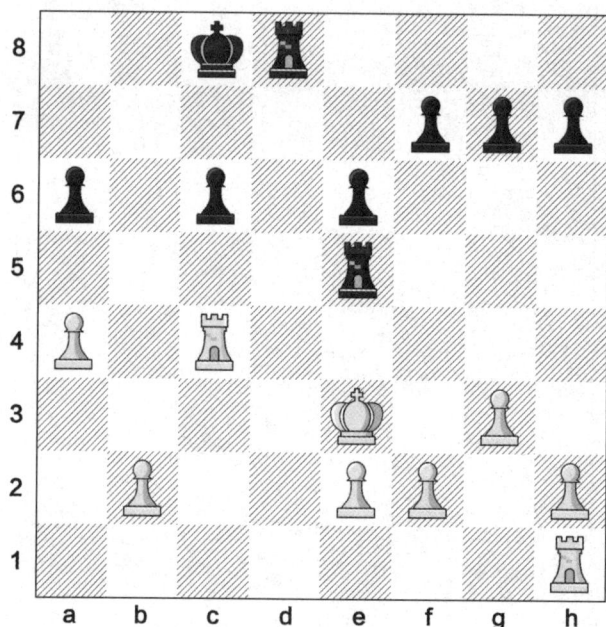

（图66）

这个规则的目的是避免棋手在相同的局面下无限制地走棋，而没有实质性的进展。需要注意的是，这三次局面必须在所有方面都完全相同，吃过路兵和王车易位的权利完全一致，且轮到同一方走棋。

四、50回合局面无变化和棋

50回合规则和棋是指从某一步棋开始的50回合中，双方均没有吃过一个棋子（包括兵），也没有走动过一个兵，可以由一方提出和棋。

随堂练习

1. 请用自己的话总结归纳本课几种和棋方法的特点。

2. 下列局面中轮到白方走棋，请根据问题做出回答。

（1）白方能避开黑方长将和棋的走法吗？

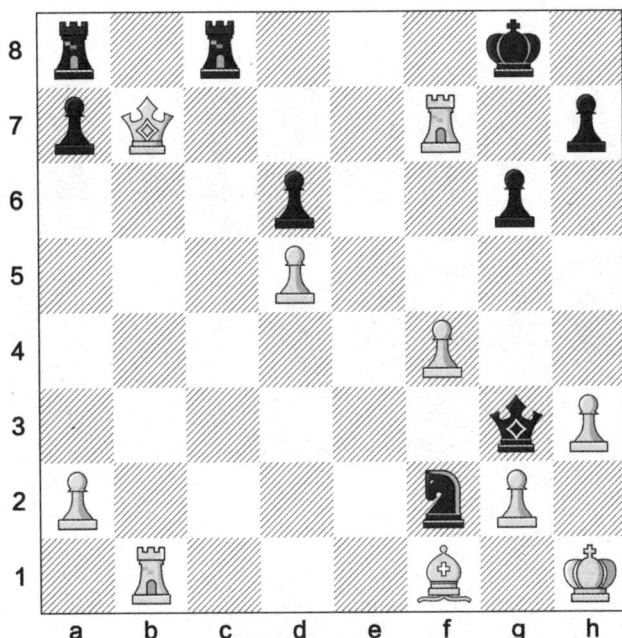

（2）白方能避开黑方长将和棋的走法吗？

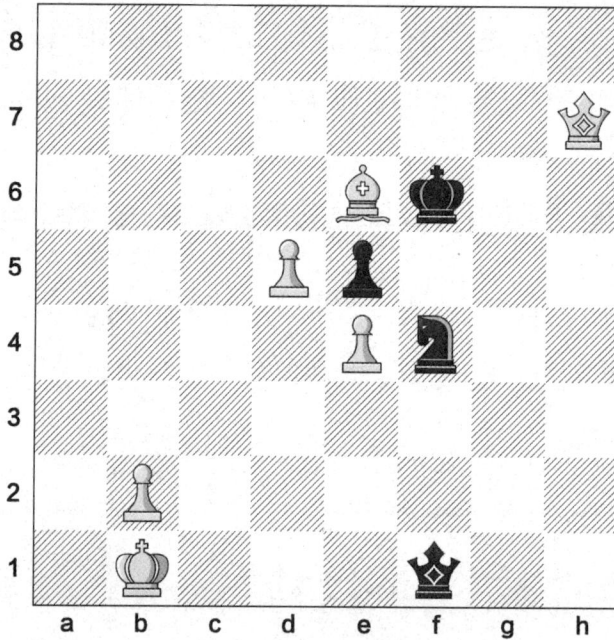

（3）棋局接下来的变化是：1.象d2 后d8 2.象g5 后a5 3.象d2
后d8 4.象g5 后a5，这符合三次重复局面的和棋要求吗？

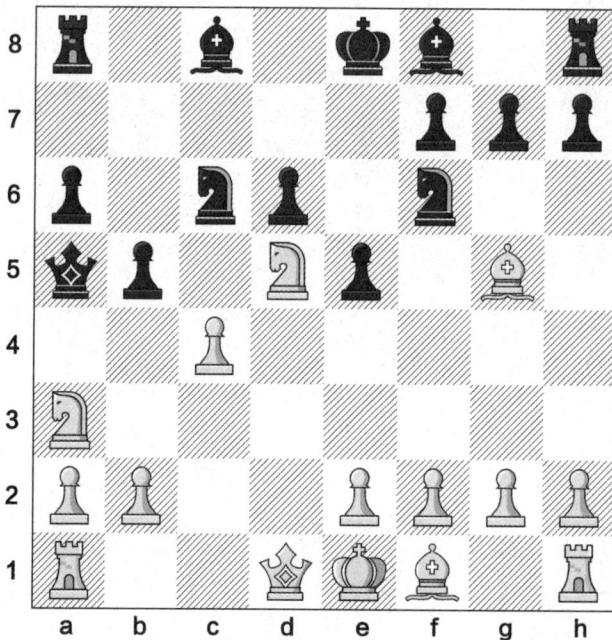

第13课 和棋判定（二）

学习重点

1. 学习并掌握更多和棋局面的特点
2. 通过练习加强对和棋的理解

一、定式和棋

定式和棋指的是无论怎样走，都无法实现将杀，根据国际象棋规则，棋手可以直接要求判定和棋。

定式和棋发生在一方只剩一个王，而另外一方也只有一个王或者一个王和一个轻子（马或者象），或者双方各剩一个象，并且是同一种颜色格子中。这

和棋定式

某方剩棋	某方剩棋	备注
单王	单王	可以判和
单王＋一个轻子（马或象）	单王	可以判和
单王＋一个象	单王＋一个象	双方象在同颜色格子中，可以判和

些都属于定式和棋，出现这样的局面，对局就将判为和棋。

如果对局中出现表格中列出的定式和棋情况，可以直接判定和棋。

为什么单王＋一个象对单王＋一个象的和棋判定要强调象在同颜色格子呢？因为在异色格中的象当中存在将杀的可能性。

图 67 的局面中，白方可以通过 1. 象 d4 的走法将杀黑王。而双方象在同色格的情况下，无论一方怎样努力，都不可能将杀另一方的王。

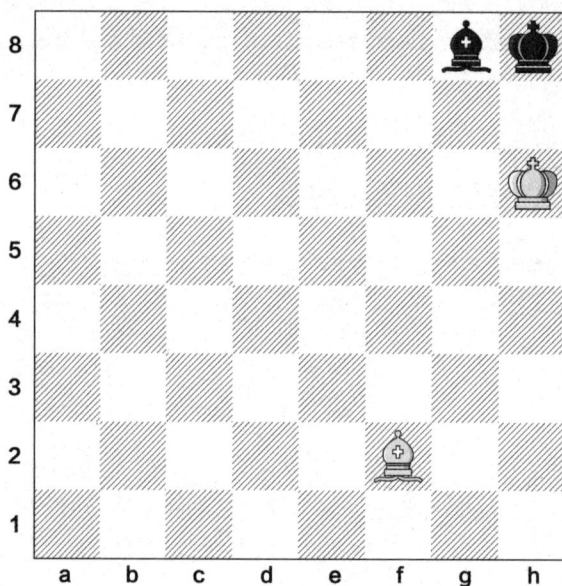

（图 67）

二、逼和

逼和又称"无子可动"，是一种特殊的和棋，具体情况是：当一方行棋的时候，（1）王没有被对方棋子将军；（2）王已经无路可走，换言之，王只要一走动，就会送给对方棋子吃；（3）己方的任何棋子都没有合乎规则的着法可走，这种局面称为"无子可动"，按照规则判定为和棋。

例如图68的局面中，轮到黑方走棋，黑方的王没有被将军，却找不到除了把王走到白后的攻击范围之内以外的其他有效着法，此时判定为和棋。

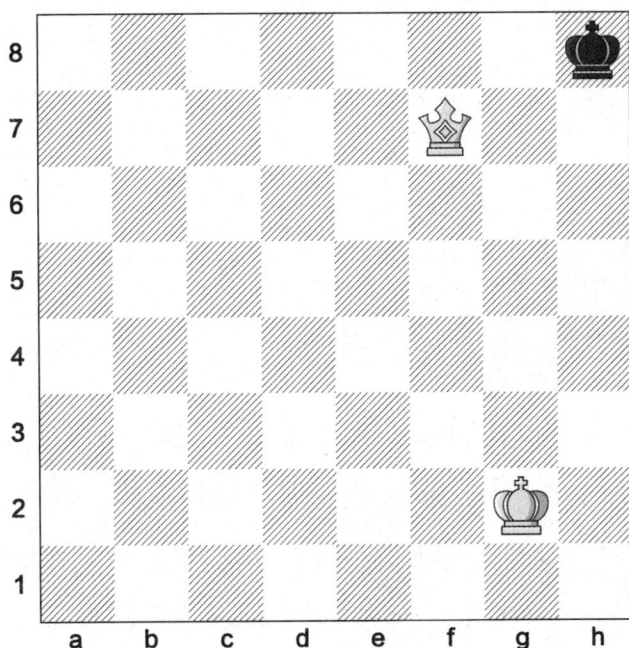

（图68）

最典型的逼和局面往往发生在一方的王处于棋盘的边角位置时。

例如图69的局面中，轮到白方行棋。白方只需要把象向右斜进两格至g6将军，就能将杀黑王获胜。但是如果白方把象向左斜进两格至c6攻击在斜线掩护本方王的黑车，其结果会是什么样呢？

棋局是一个无子可动的局面：黑王没有被将军，但是已经无路可走，黑方王之外唯一的其他子力——黑车也不能动弹。无子可动，按规则，结果是和棋。

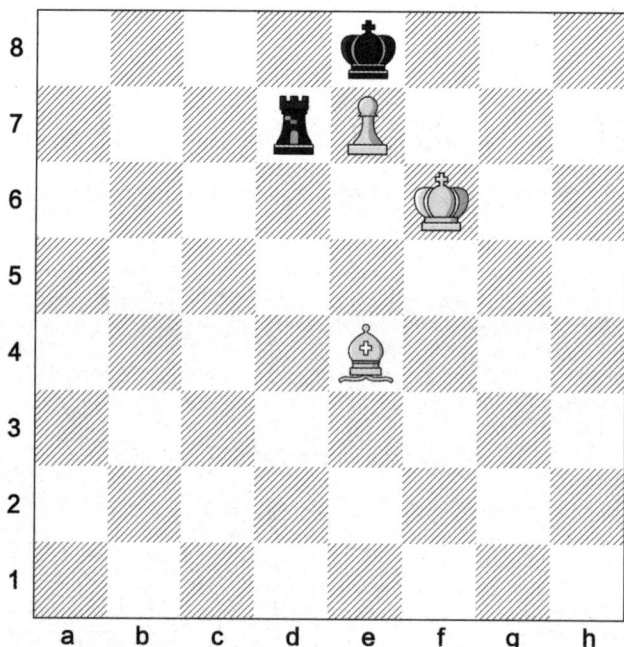

（图69）

无子可动局面与将杀局面的差别在于，前者一方只攻击了对方王能走到的所有格子，但是没能攻击王所在的格子，也就是说对方的王没有处于被将军状态；后者则除了攻击对方王能走到的所有格子外，还同时攻击了它所在的格子，对方的王处于被将军的状态。

上面这个例子中，白方由于走了一步坏棋，使胜局变成了和棋。然而在实战中，处于劣势的一方也可通过主动走成无子可动的局面来挽救败局。

例如图70的局面中，黑方有很大的子力优势（棋子力量上的优势），但是白方可以用后斜进至黑王邻近的g8将军，逼迫黑王吃后消将，于是，棋局形成无子可动的局面。

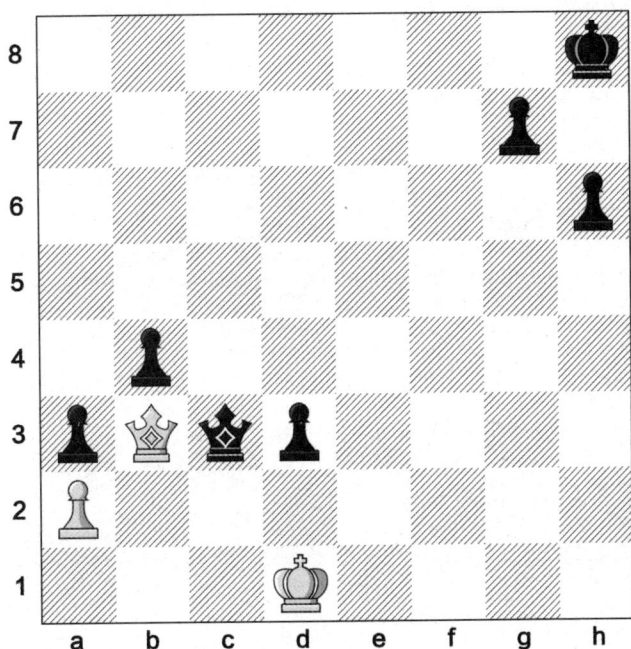

（图70）

　　显然，逼和的规定是国际象棋与中国象棋之间差异最大的部分，要是在中国象棋中一方出现无子可动的情况是要被判输棋的。这或许是因为中国象棋中的将（或帅）只能局限于"九宫"之内，而国际象棋的王能够"满天飞"的缘故吧！

随堂练习

　　1. 请你判断下列局面是否符合定式和棋的要求。

（1）

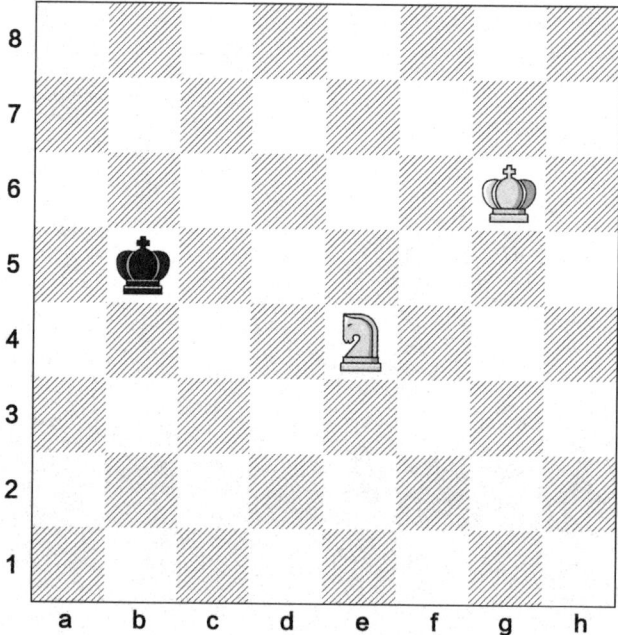

（2）

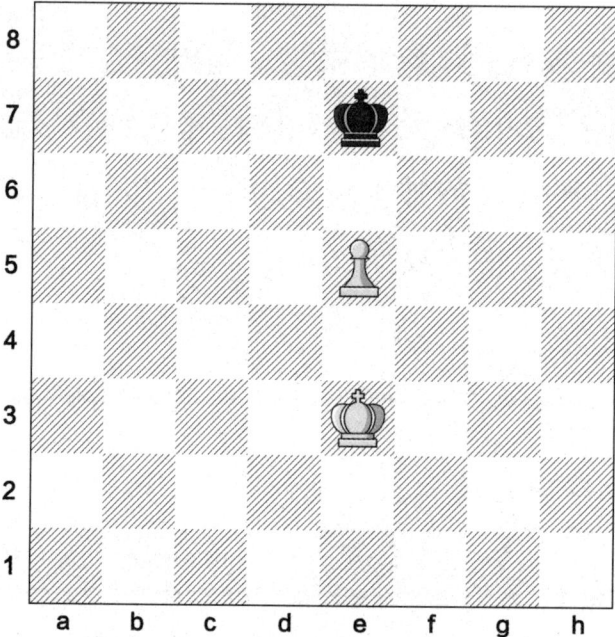

（3）

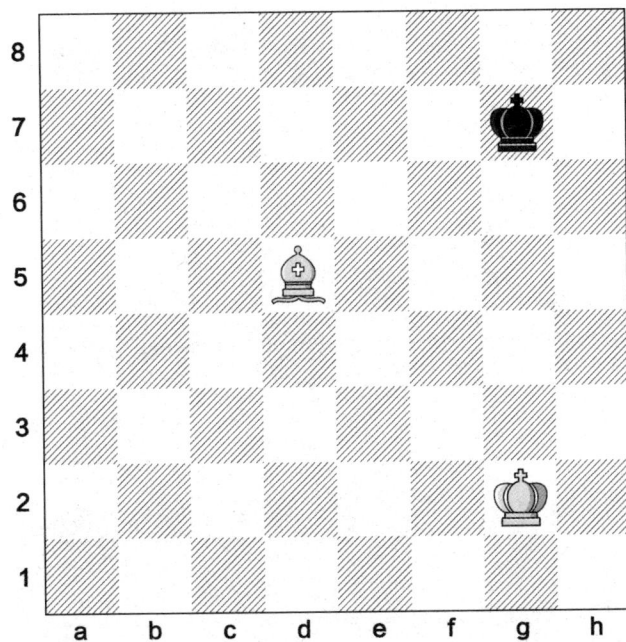

2. 请你判断下列局面是否符合逼和的要求。

（1）

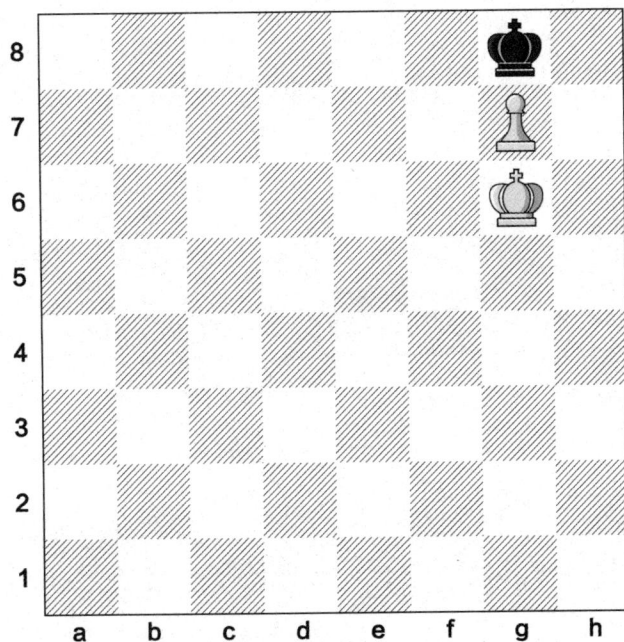

（2）

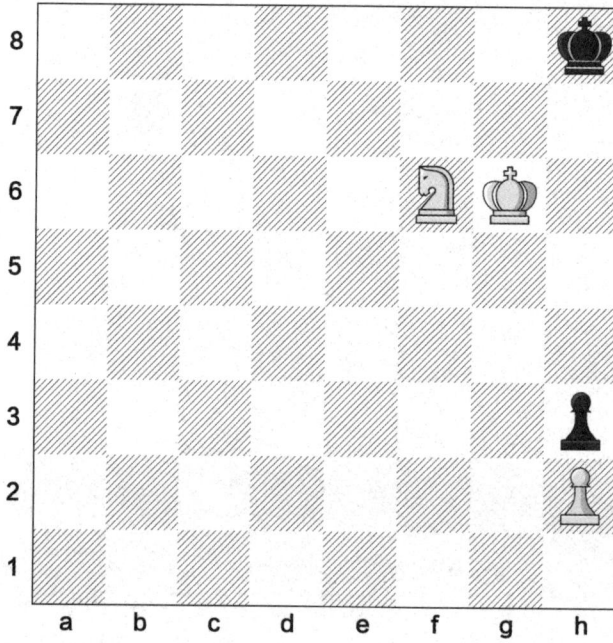

（3）

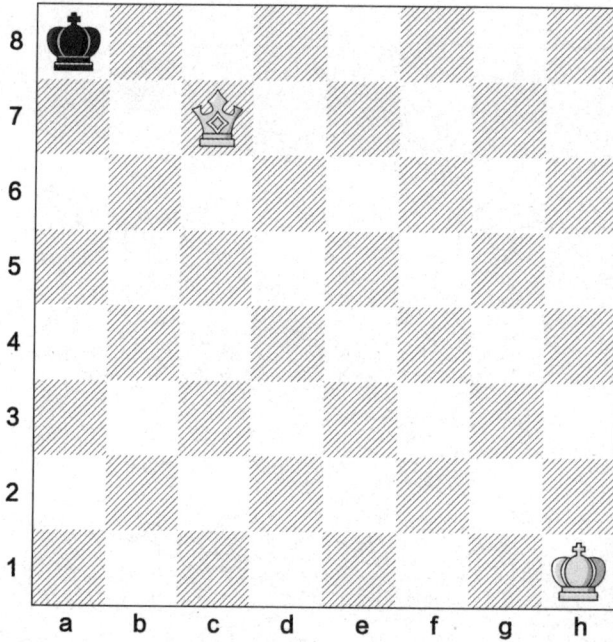

第14课 残局基础知识

学习重点

1. 学习并了解基础残局知识
2. 学习并练习重子杀王，掌握行棋规律

国际象棋对局一般分为三个阶段：开局（对局的开始阶段）、中局（对局的中间阶段）和残局（对局的后阶段或结尾阶段）。当双方棋子的数量减少到难以直接进攻王，而王可积极出动的局面时，称为残局。在残局中，棋手的基本任务是利用既得优势取胜或通过化解对方优势求和。

在学会如何行棋之前，我们先向大家介绍残局的初步知识。那么，为什么下棋是从开局开始的，而学棋却要倒过来从残局开始呢？

其实，学棋从哪个阶段开始更好没有绝对的标准。国内外很多专家都认为，学习国际象棋可从棋子较少的简单残局开始，初学者可以由此熟悉各种棋子的特点（它们在残局中表现得比较充分和明显）和棋子之间的相互协调作用。通过对各种简单残局赢棋和定式和棋的研究，以及通过对残局一些战略思想和战术手段的理解和掌握，初学者能够为学习比较复杂的中局和开局打下基础。

一、双车杀单王

当一方除了王以外再没别的棋子（包括兵）时，称为单王，掌握单王杀局是学习攻杀技巧的第一步，它能使初学者对各种子力的性能及子力配合的方法有所了解。

如何杀单王呢？首先要看强方（为了方便起见，称具有优势的一方为强方，另一方则为弱方）拥有什么子力。杀单王，至少需要一个重子或两个轻子（这里指双象或一马一象，而不是双马）才行。

杀单王的基本方法是最大限度地缩小单王的活动范围，把它驱逼至棋盘的边上或角上，然后运子做杀。在驱逼和成杀的过程中，强方必须做到子力协同行动，通常还需要王的协助，只是应该注意不要造成无子可动局面的出现。

车，可以横着走，也可以竖着走，所以用车将杀王的局面一定是发生在横竖线上。双车杀王不需要己方王的配合。图71和图72是两个双车杀王的最终局面。

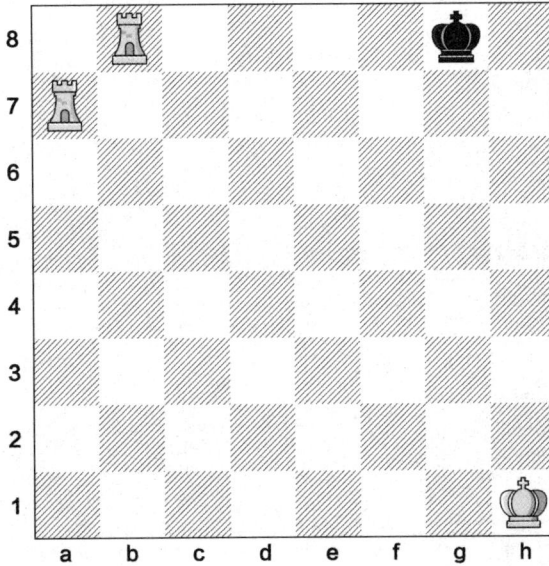

（图71）

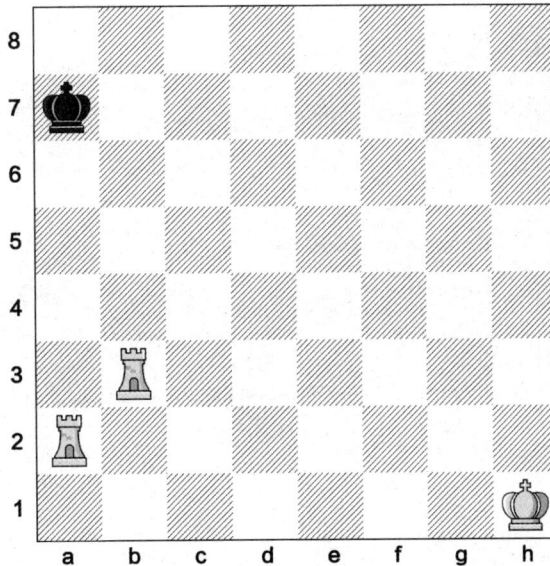

（图72）

图73中，白方双车都攻击着第7横线（次底线）黑王能走到的3

个格子，接下来白方只要走1.车a8或1.车h8，攻击第8横线（底线）上黑王能走到的2个格子和黑王本身所在的格子，一共6个格子，就能造成杀局。双车杀单王，就是要设法走成和图73相类似的局面。

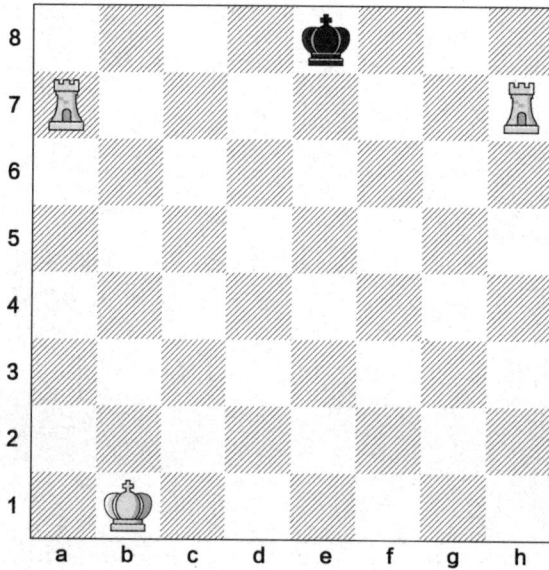

（图73）

在图74中，白方首先要把黑王逼到能最快做杀的底线上，在这里是第8横线（底线）。

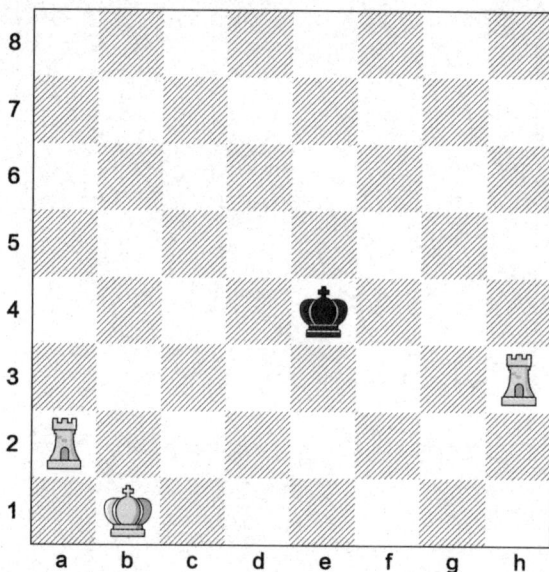

（图74）

1.车 a4 王 f5　2.车 h5　王 g6　3.车 b5

黑王捉车，白车必须避开，应当走到远离黑王而又不影响另一车行动的格子上。

3...王 f6　4.车 a6　王 e7　5.车 b7　王 d8　6.车 a8 白胜。

当然，作为防守的一方，不会轻易将自己的王走到棋盘的边线或角上，比较顽强的防守方式是贴近强方进攻的车，让双车难以迅速地组织起有效的进攻配合。此时，作为拥有双车的一方，要利用"等待"性质的着法，逼迫防守方把王撤离可以威胁到吃车的位置，并乖乖地就范。

二、后杀单王

后是所有棋子中最具威力的，后可以横着走、竖着走，还可以斜着走，所以我们在面对后将杀王的局面时，尽量把后这个棋子的威力辐射范围都考虑到，把后可能走的路线想周全。

后杀单王，需要王的帮助。光用一个后也能把对方的王逼到棋盘角上去，但却不能成杀。不管单王在什么位置，后与王配合构成杀局所需步数都不会超过10步。

例如图75中，单王靠近中心，强方王和后都在棋盘角上，杀单王也只需9步。

1.王 b2　王 d5　2.王 c3　王 e5　3.后 g6

首先是王投入战斗，现在后进入战局，这就严重地限制了对方王的活动范围。

3 ...王 f4　4.王 d4　王 f3　5.后 g5　王 f2　6.后 g4　王 e1　7.后 g2

黑王已被堵截在棋盘边线上。白方很快就能成杀了。这里也可走

7. 王e3 王f1 8. 后g6（但是不能走8. 后g3，否则形成无子可动的局面，结果将是和棋）8... 王e1 9. 后g1。

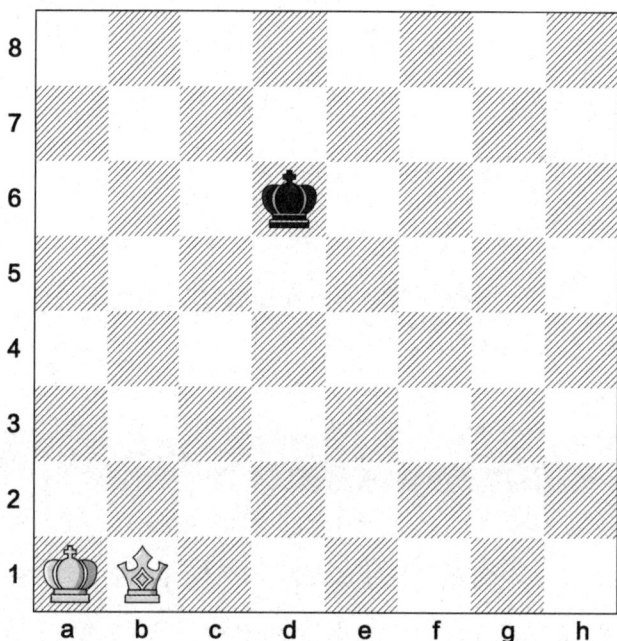

(图 75)

7... 王d1 8. 王d3 王c1 9. 后c2。

小结一下，后杀单王可以遵循以下的方法：

（1）后切断对方王逃跑的线路，最佳的控制方式是采用"马步"，也就是参考国际象棋中马的走法把后放在邻近对方王的地方。

（2）己方的王靠近对方的王，参加围剿对方王的战斗。

（3）把对方的王成功逼迫到棋盘的边线或角上之后，王和后协同作战，达到将杀的目的。

（4）注意，当对方的王被逼到棋盘的角格的时候，要避免出现逼和。

三、单车杀单王

想一想，你可以用多少步棋来完成单车杀王呢？假如初学国际象棋的你还不能用最精准的方法来完成将杀，那么这个问题的答案是最多50步。因为，假如在第50回合时你还不能将杀对方的王，那么你的对手就可以根据规则要求裁判判和了。

单车杀单王，在己方王配合下，最多17步就可完成。在逼王到棋盘边上构成杀局时，要运用对王战术。所谓对王，是指双方王在直线或横线上相隔一格的局面。当然，初学者可能还不能马上找到最精确的杀王途径，用单车将杀对方王的过程中也许会浪费一些回合。不过，一定要记住50回合判和的规则，不要以为杀王的任务简单，便随意浪费着法。

现在看图76的局面，单王在中心，强方的王和车分别位于棋盘两个角上，白方取胜的着法如下：

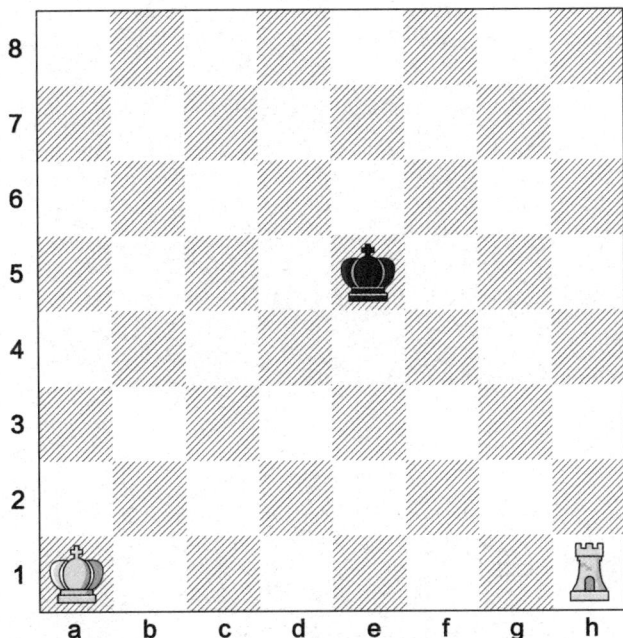

（图76）

光用单车驱逼黑王是不能奏效的，例如：1.车h4 王d5 2.车f4 王e5 3.车c4 王d5 4.车f4 王e5，白方毫无进展。

1 ...王d5 2.王c3 王e5 3.王d3 王d5

黑方自然不愿让王离开中心，但是白方可以在对王时将军，迫使黑王离开中心。

4.车h5 王d6 5.王e4 王c6 6.王d4 王b6 7.王c4 王c6

在驱逼单王时，白王总是和单王保持一个马步的距离，迫使黑方走成对王局面。黑方如果不这样走，将更快被将杀。例如现在黑方王不走到c6而走到a6，那么，白方走8.车b5 王a7 9.王c5 王a6 10.王c6 王a7 11.车a5 王b8 12.车a1 王c8 13.车a8；或者10.车b1（不走10.王c6）10 ...王a7 11.王c6 王a8 12.王c7 王a7 13.车a1。两种走法都要比主变提前4个回合构成杀局。

8.车h6 王d7 9.王c5 王e7 10.王d5 王f7 11.王e5 王e7

如果黑方想避免对王而选择如下着法，结局是一样的：11 ....王g7 12.车f6 王g8 13.王f5 王g7 14.王g5 王h8 15.王g6 王g8 16.车f7 王h8 17.车f8。

12.车h7 王d8 13.王e6 王c8 14.王d6 王b8 15.王c6 王a8 16.王b6 王b8 17.车h8。

单车杀王可以采取以下步骤和方法：

（1）先把车放置在与对方王相邻的线路上，制约住对方王的逃窜范围。

（2）己方的王靠近对方的王，同样子力配合采用国际象棋中马的走法，也就是摆成"马步"。

（3）当双方的王在同一条线路隔行相对的时候，强方的王起到了防止防守方王逃窜的作用。此时，用车将军，将对方的王逼迫到更靠近棋盘边线和角格的位置上。

（4）当把对方的王成功逼迫到棋盘边线或角上时，用己方的王控制住它逃跑的线路，最后用车将军，实施致命一击。

随堂练习

1. 请你为下列局面中的白方想出取胜办法，并把棋局走法写出来。

（1）白先胜

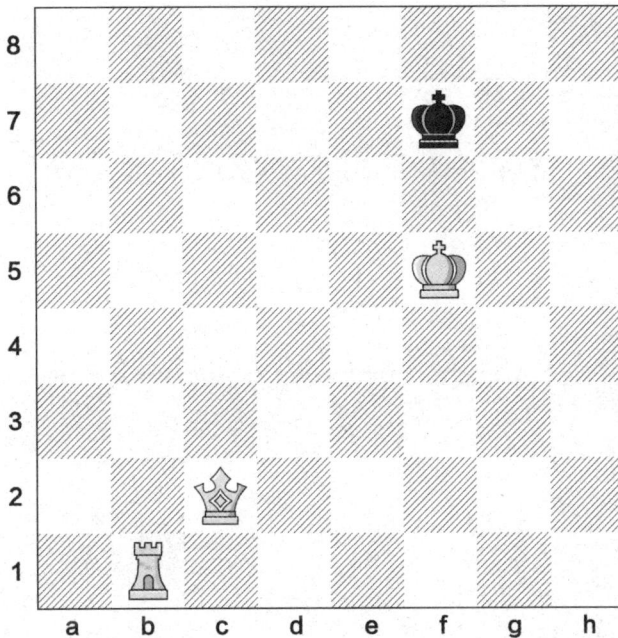

（2）白先胜

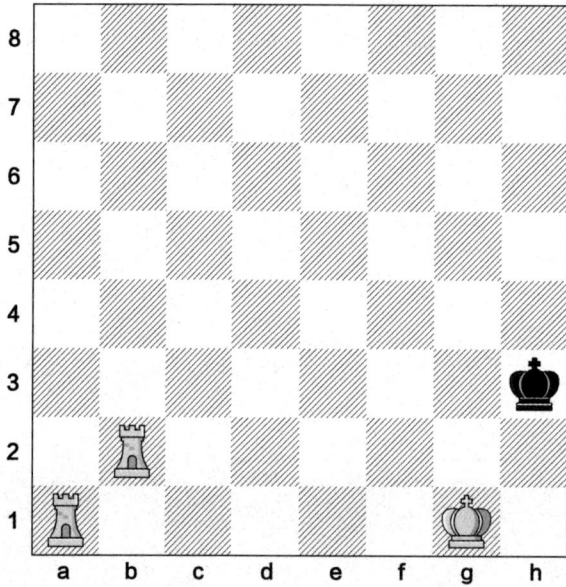

2. 白先走，请你写出下图中白方的取胜办法，并将取胜方法进行归纳。

（1）

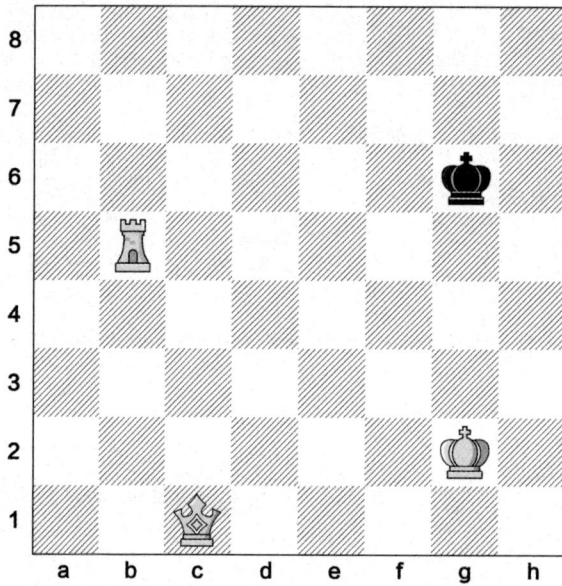

（2）

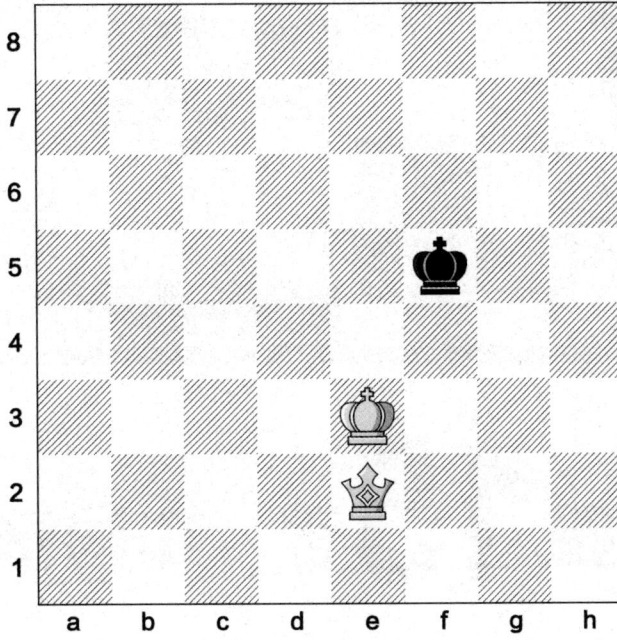

第 **15** 课　中局基础知识

一、攻守常识

国际象棋的对局是在双方棋手的攻防过程中进行，通俗地讲，进攻指威胁吃掉对方的棋子。当受到对方进攻时，防守方可以采用以下的方式应对：

（1）消灭对方这个进攻的棋子；

（2）将受到进攻的棋子转移；

（3）防守方将己方的一个棋子走到对方进攻棋子与己方受到威胁的棋子之间；

（4）用另外一个棋子将受到攻击的棋子保护起来；

（5）通过进攻对方其他棋子或重要目标达到转移进攻目标的目的。

例如图77中，白方的c1车正威胁着吃掉黑方的c6象，目前轮到黑方走棋，现在黑棋可以选择：

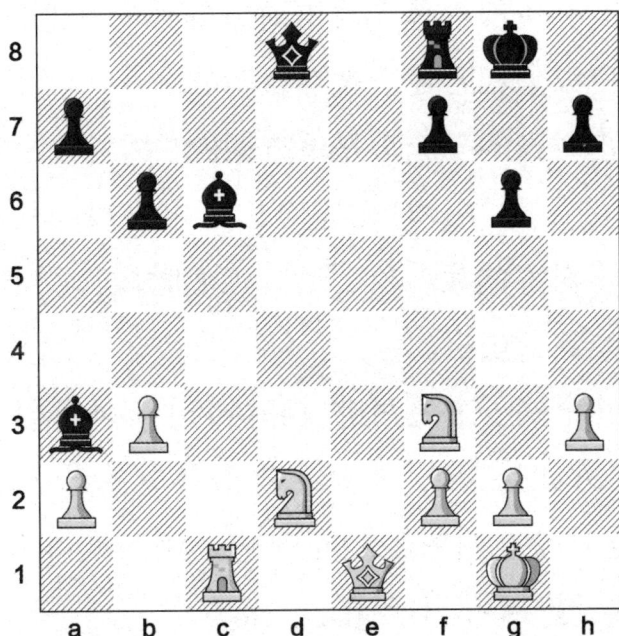

（图77）

（1）吃掉白方的车走1....象×c1；

（2）将受到进攻的象转移，走到其他位置上。如1...象b7或1...象d7；

（3）将己方的棋子走到白方处于进攻的c1车和黑方受到进攻的c6象之间；

（4）为受到进攻的c6象建立保护，走1...后a8或1...后d7；

（5）攻击白棋的其他重要棋子，走1...车e8，逼迫白方子力价值更高的后做出反应。

进攻与防守，吃子与被吃时刻贯穿在对局的过程中，棋手需要保持高度的注意力和冷静的头脑，才能步步为营，做出正确的判断决策。

二、攻守基本算法

当棋盘上还有很多棋子的时候，能够直接攻王并顺利完成将杀任务的机会是不多的，一般都是先攻击对方的兵或其他棋子。攻击可以是单方面的，也可以是相互处于被吃状态的。

例如用兵攻击对方的马或车是单方面的，用马攻击对方的车、象、后和兵是单方面的，对方一时无法对你产生进攻作用的棋子产生威胁；而当用兵攻击对方的兵、象、后和王的时候，兵本身也处于被吃的状态，本身也受到了攻击。

下面我们举几个例子来说明进攻和防守的基本算法。

图78中，白方如果走1.车a1，攻击黑方的a7兵，黑方可以走1...车a8防守。这时白方如果走2.车×a7，则黑方可以走2...车×a7，结果白方以一车换得一兵，不合算。

这时白方如果走2.车ea2，把攻击a7兵的棋子增加为两个，黑方假设不增加防守的棋子，白方就可走3. 车 × a7　车 × a7　4. 车 × a7，得一兵。如果黑方第2步走2...马c8想增加防守力量，那么在3. 象 × c8　车 × c8　4. 车 × a7　车 × a7　5. 车 × a7之后，黑方还是会损失一兵。

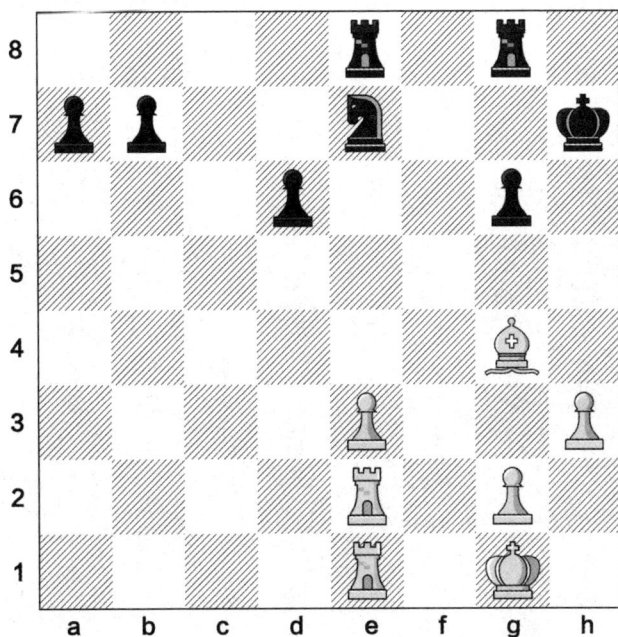

（图 78）

如果在白方走1. 车a1之后，黑方应以1...马c6，白方再走2. 车ea2，虽然攻击a7兵的棋子有两个，防守的棋子只有一个，但是白方吃兵还是不合算：3. 车 × a7　马 × a7　4. 车 × a7，白方一车只换得一马一兵。根据前面讲的棋子相对价值，一车相当于一马 + 一个半兵，白方此次交换等于损失半个兵的价值。

所以在攻守中不仅要计算攻击棋子的数量，也要考虑它们的价值。对方进攻的棋子虽然多，但只要考虑交换时在总价值上不吃亏，己方就可以用较少的棋子来防守。

但是我们再仔细分析一下，就可以发现1...马c6也不是一步好棋，因为白方可以走2. 象f3，准备用象换马，然后再吃a7兵。看来黑方最好的防守方法是走 1...a6，用 b7 兵来保护 a6 兵。白方不管用什么棋子吃兵，不管进攻的棋子有多少，至多只能用一个棋子换得两兵。所以用棋子进攻有保护的兵，一般来说是没有什么好处的。

在图 79 的局面中，轮到白方行棋。双方子力基本呈现均势（白方多一马，黑方多三兵，一马与三兵价值基本相当）。这里白方有 4 个攻击点：e5 马攻击 f7 兵、c6 兵和 c4 兵，f1 象攻击 c4 兵。黑方有三个攻击点：b4 象和 e4 马攻击 c3 马，d8 后攻击 d4 兵。

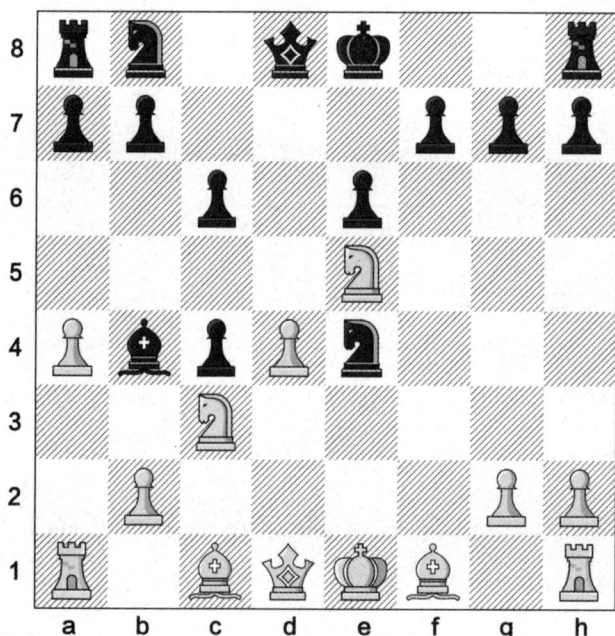

（图 79）

所有的攻击可以分为两类：危险的和不危险的。例如 f7 兵攻守相当，c6 兵守大于攻，d4 兵也是攻守相当，这些就没有危险。黑方 c4 兵受到两个攻击却没有防御，白方 c3 马受到两个攻击却只有一个防御，这些都是危险的。特别是白方 c3 马受到的攻击有可能使白方失子：1...马×c3 2.b×c3 象×c3，黑方用马换白方马和兵。白方应该采取相应的防御措施，或者用反击代替防御（即以攻为守）。

1. 后 f3

白方既加强了对 c3 马的防御，又增强了对 f7 兵的攻击，2. 后 ×f7 是步杀着。此外，白后还攻击了 e4 马。黑方能否同时保住 f7 兵和 e4 马呢？黑方可以有两个防御方法：其一是回马到 d6 或 f6 保护 f7 兵；其二是挺兵到 f5 保马。

第二个方法明显是不好的，因为白方可以接着走 2. 后 h5! g6 3. 马 ×g6!，黑方不能用 h 兵吃白马，否则 h8 车会失去保护（属于牵制技术）。因此，黑方不应采用第二个防御方法。

1... 后 × d4

黑方以攻为守。后不仅保住 e4 马，而且还空出 d8 格供己方王作躲避之所。现在攻击 c3 白马的棋子又增加了一个后，一共是三个。

2. 后 ×f7 王 d8 3. 象 g5

这步飞象不是白白送吃，而是为了把黑方的 e4 马引诱开，使己方王相对安全一些。

3... 马 ×g5 4. 后 ×g7 象 ×c3 5. b ×c3 后 ×c3 6. 王 e2 后 c2 7. 王 e3 后 e4

长将和棋。

本例也说明了应对对方的进攻，除了单纯地防守之外，还可以采用进攻对方的方法。有时候，反击甚至比单纯地防守更为有效。

三、如何选择目标

怎样选择攻击目标呢？一般来说，攻打静止的目标要比攻打活动的目标容易。而同样是活动的目标，攻打活动性小的要容易些。兵之所以常常成为优先被攻打的目标，就是因为它是所有棋子中活动性最小的，只能在一条直线上向前走，它的正前方如有别的棋子挡住，它就完全不能动了。

用己方兵以外的棋子攻打对方有兵保护的兵，通常并无益处，因为兵的相对价值最低，用其他任何子力与之交换都得不偿失。但对于孤兵（相邻直线上无己方兵的兵）、落后兵（兵的链条中落在最后的兵，能保护其斜前方的兵而本身无其他兵保护）、叠兵（位于同一条直线上两个或以上的兵）等弱兵来说，情况就不同了，因为这些本身存在缺陷的兵形不具备兵与兵之间的联防功能，很容易成为受攻击的目标。

例如在图80中，黑方d5兵就是孤兵。

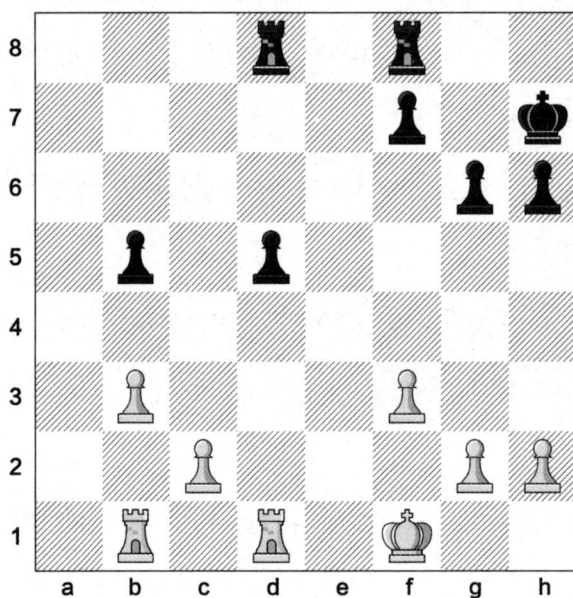

（图80）

1.车d4！

为什么白车走到d4，而不是到d3或d2，这一点随着后续的分析就会清楚。白方一方面准备在d线重叠车，另一方面封锁住d5兵，使它不能走动。

1... 车 d6　2. 车 bd1　车 fd8

如果黑方走 2 ... 车 c8 反击白方 c2 兵（这是一个落后兵），那么在 3. 车 × d5　车 × d5　4. 车 × d5　车 × c2 之后，黑方将损失 b5 兵。现在对于 d5 兵，双方是两子攻击两子防守，攻守相当。

3.c4　b × c4　4. b × c4

d5 兵由于已被牵制，不能吃 c4 兵，否则黑方将失车。于是形成白方三子攻击，黑方两子守卫的局面，黑方 d5 兵必失。如果白方第一步不走 1. 车 d4，而是走 1. 车 d3 或 1. 车 d2，那么黑方现在就可走 4...d4！，受攻击的兵重新获得了活力，避免了失兵。

在图 81 中，白方走 1. 车 c1！，迅速占领开放线（双方都没有兵的直线称为开放线），然后走 2. 车 c6，一车同时攻击白方多个目标，可以获得子力收获。

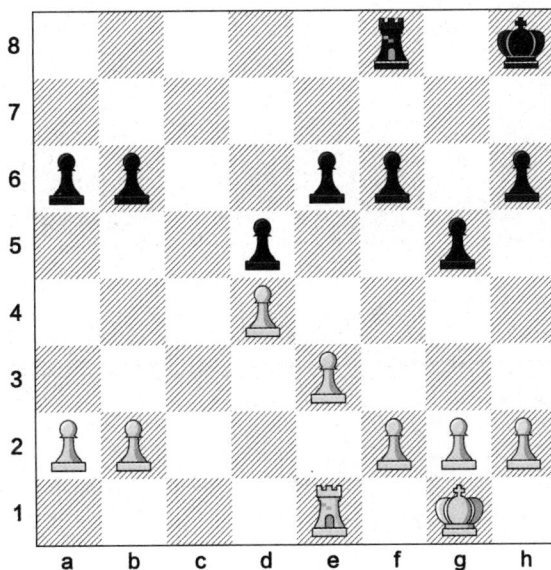

（图 81）

本例也说明了车占领开放线然后从侧面攻打对方的兵是多么重要的一种进攻手段。如果该局面轮到黑方行棋，那么黑方就可走 1... 车

c8，白方只能走2. 王f1，以便当黑车进到c2时可以走3. 车e2来防守。然而，黑方不必急于走2...车c2，他可以先走王到中心然后再挺进后翼兵。由于占领了开放c线，黑方就有了主动权，从而获得了持久的优势。

随堂练习

1. 请对下面棋局中的变化进行评价，并回答问题。

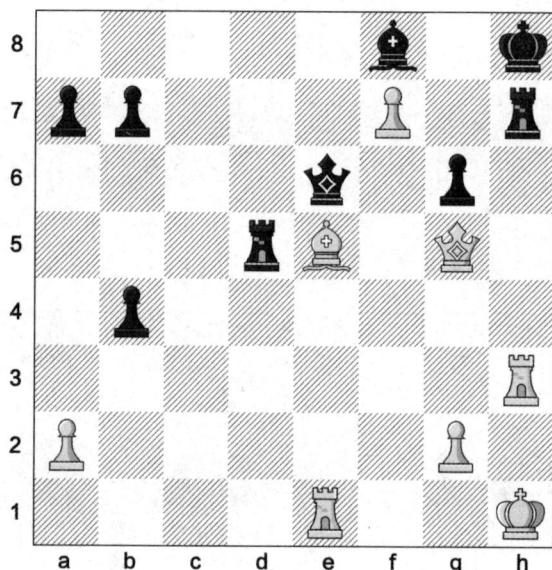

棋局经过 1...车 ×e5 2.后 ×e5 后 ×e5 3.车 ×e5 车 ×h3 4.g×h3 王 g7 5.车 d5 王 ×f7 6.车 d7 王 f6 7.车 ×b7 之后形成下面局面，你认为哪一方占据主动？为什么？

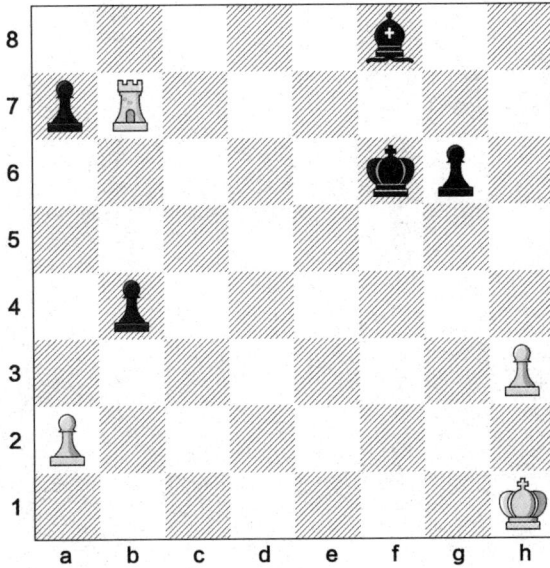

2. 请对下面棋局中的变化进行评价，并回答问题。

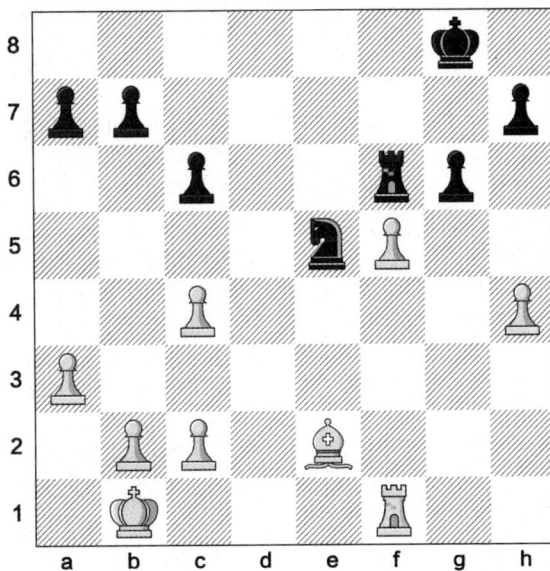

棋局经过 1.f×g6 车×f1 2.象×f1 马×g6 3.c5 马×h4 4.象 h3 马 g6 之后形成下面局面，你认为哪一方占据主动？为什么？

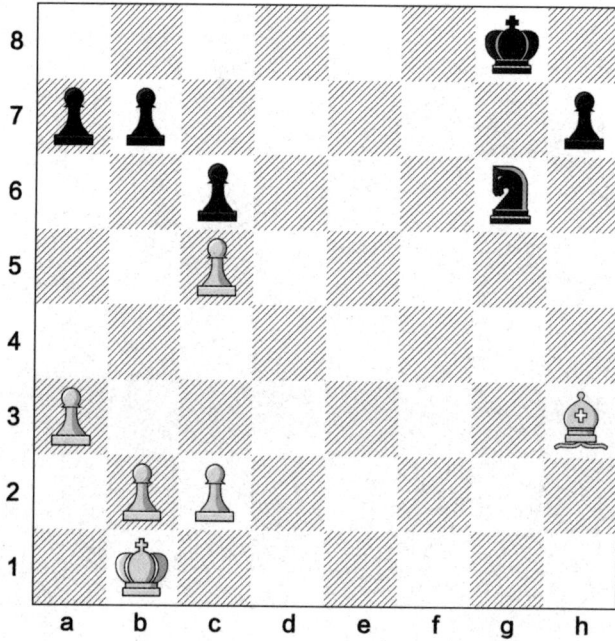

第16课 开局基本原理

学习重点

1. 学习并了解开局基本原理及行棋特点
2. 通过学习国际象棋开局加强对出子、争夺中心的理解

初学者坐在棋盘前，总想生气勃勃地把开局走好，他首先面临的是第一步走什么？当棋子都处于初始位置时，双方各有20种走法（八个兵和两个马各有两种走法）可供选择，随着兵的出动，可供选择的走法还会越来越多，但并非所有走法都是符合开局的基本原理的。

先看一个最快见胜负的例局：1. f3 e6 2. g4 后h4（图82），黑胜。

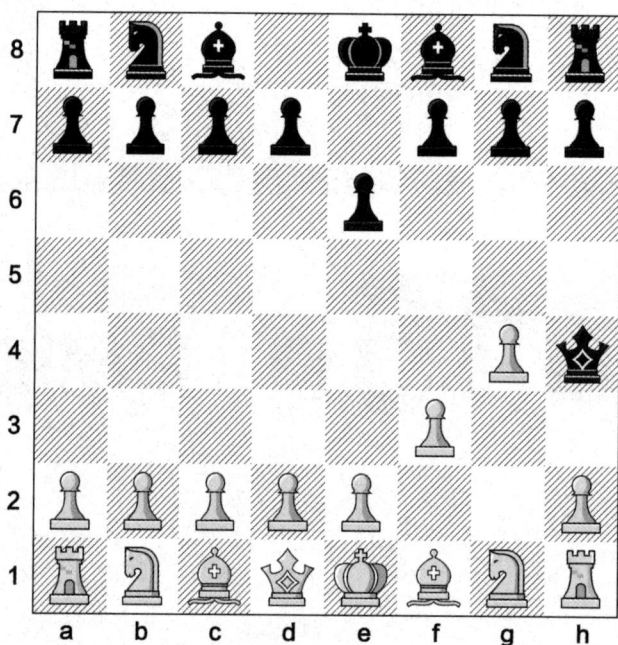

（图82）

这一杀局被称为"愚人杀局"。白方两个回合就被将杀，这在实战中也许不会出现。举这个例子是为了说明，违背开局的基本原理，冒失地把自己的王暴露出来会造成什么样的后果。

一、夺取中心

那么，开局的基本原理是什么呢？第一条基本原理是夺取中心。

大家已经知道，由d4、d5、e4、e5这4个格子组成的区域称为中心（除了这4个格子之外，c4、c5、f4、f5这4个格子也很重要，这8个格子组成的区域也称为扩大的中心区域）。除了车之外，所有棋子都是在位于中心时威力最大。在中心的棋子可以迅速地调动到两翼去。所以在开局时双方都力求夺取中心，第一步一般走 1. e4（占领中心 e4，控制中心 d5）、1. d4（占领 d4、控制 e5）、1. c4（控制 d5）、1. 马 f3（控制 d4 和 e5）等。

1. e4　e5

2. 马 f3　马 c6

黑方 2... 马 c6 这步棋既保护了 e5 兵，又攻击了重要的中心格 d4，还同时出动了马。

此外黑方还有多种走法，不过有些走法不能收到良好的效果。例如：（一）2... 后 e7，堵住了黑格象的出路；（二）2... 后 f6，用后保兵很不实惠，而且占住了王翼马准备出动的好位置；（三）2... 象 d6，阻碍了 d 兵的前进，限制了白格象和后的活动范围；（四）2... f6，开局错着，敞开了 e8—h5 斜线，给予白方弃子抢攻的机会，棋局接下来的变化是 3. 马 ×e5（图 83）

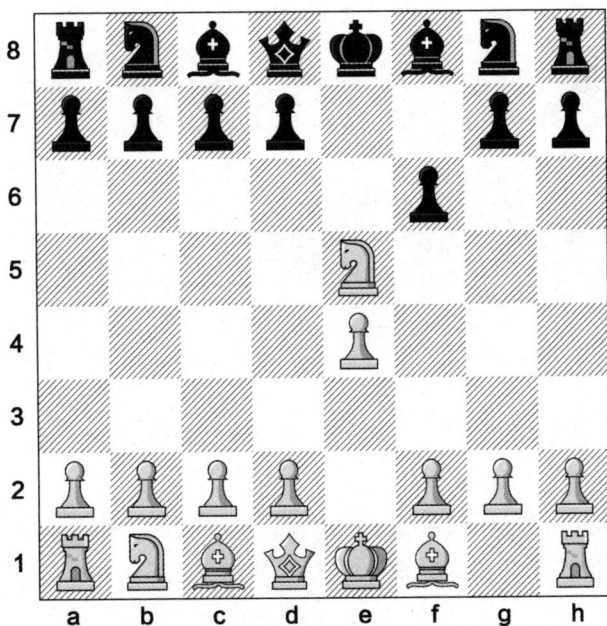

（图 83）

137

3...f×e5（黑方最好的着法是3...后e7拒吃弃兵，尽管浪费了几步着法，但是至少去除了很多风险）4.后h5 王e7（如果走4...g6，则有5.后×e5，后的击双，白方得车）5.后×e5 王f7 6.象c4 王g6（黑方改走6...d5再送一兵稍好，7.象×d5 王g6，白方有巨大优势，但是尚不能立即将杀黑方）7.后f5 王h6 8.d4 g5 9.h4，因为有10.h×g5再11.后f7的威胁，白方取得胜势。

3.象c4 象c5

至图84形成意大利开局，意大利开局距今已有500多年历史。双方出象攻击d4、d5、f2和f7。

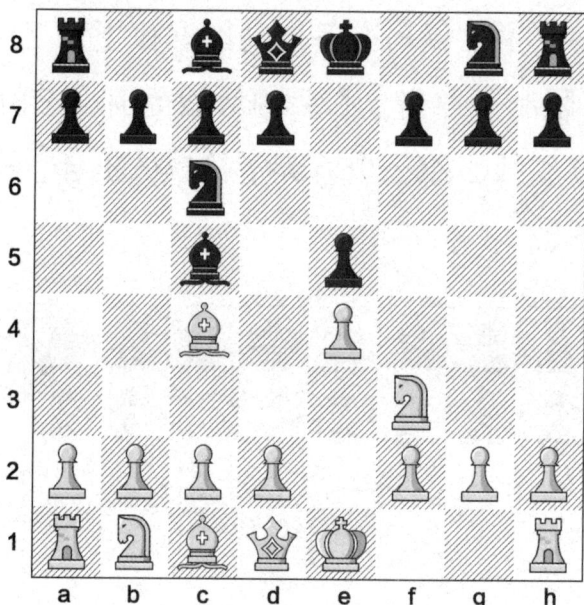

（图84）

4.c3

这一步是为挺兵到d4建立有力的兵中心。如果直接走4.d4，则两守对三攻，白方将失兵。

4...马f6 5.d4 e×d4 6.c×d4 象b4

图85黑方的象将杀白王，白方可以有多种垫将方式，例如7.马c3，7.马fd2，7.象d2，7.后d2等。哪一种更好呢？选择更好的垫将方式，对白方无疑是一个考验。

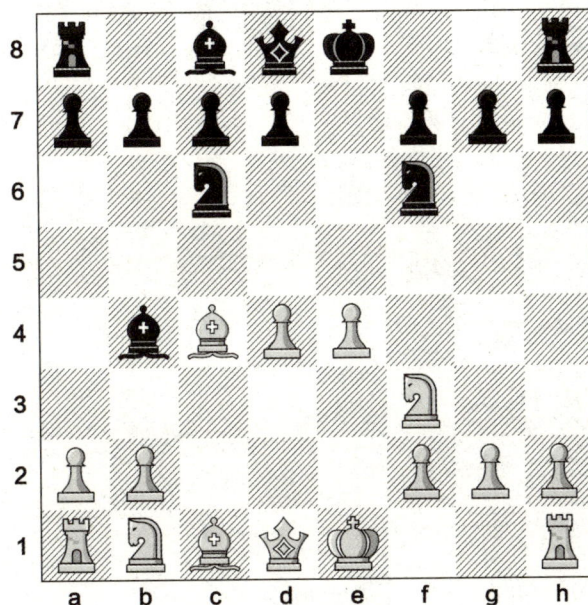

(图85)

7.象d2 象×d2

立即反击中心的走法7...d5过早，在8.e×d5 马×d5 9.象×b4 马c×b4 10.后b3之后，黑马面临危险。因此，黑方还是先兑换象比较有利。

8.马b×d2 d5

反击中心是黑方破坏白方兵中心的有力走法，黑方冲破白方强大的中心，取得均势局面。

9.e×d5 马×d5

黑方占据了重要的中心格d5，黑马在此很是安稳，因为e线和c线上已无白方的兵。

10.后b3 马ce7

黑方应当想尽一切办法巩固重要的d5据点。

11. 0—0 0—0 12. 车fe1 c6（图86）

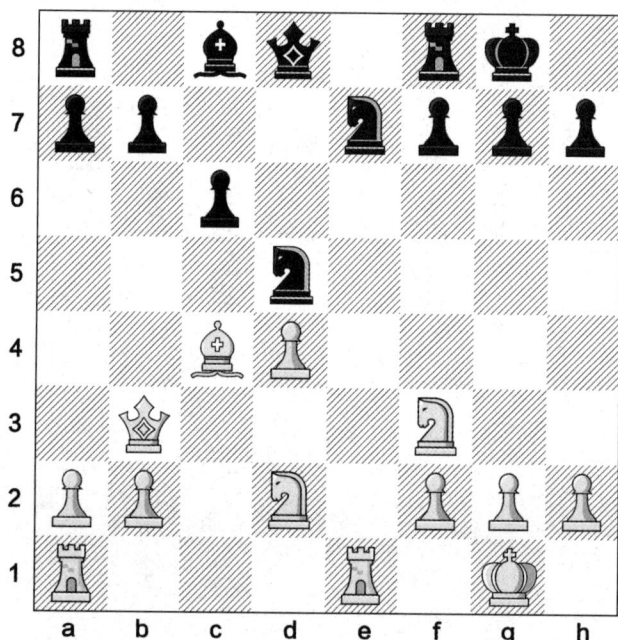

（图86）

至此，双方争夺中心的斗争基本结束，双方大致均势。

二、尽快出子

1.e4 e5 2.d4 e×d4 3.c3 d×c3

这种开局称为中心弃兵，或称丹麦弃兵。弃兵的意图是为了出子占先。黑方第3步可拒吃弃兵而走3 ...d5反击中心，变化如下：4. e×d5 后×d5 5.c×d4 马c6 6.马f3 象g4 7.象e2（如果立即走7.马 c3，黑方有7...象×f3！的应着）7...马f6 8.马c3 后a5 9.象e3 象d6 10. 0-0（图87）

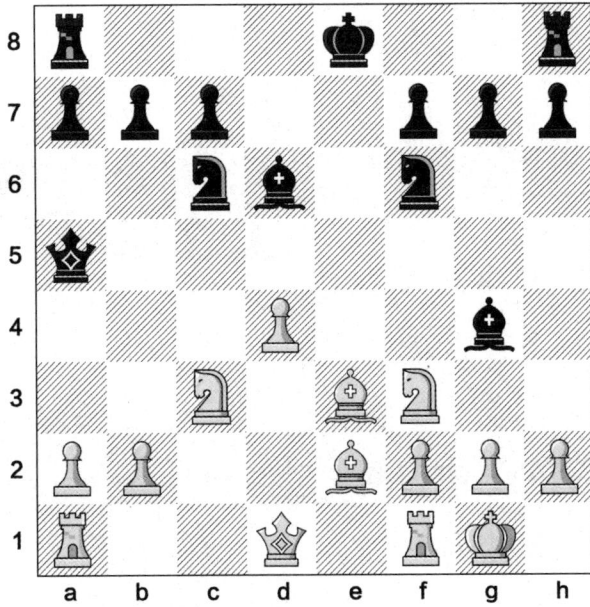

（图87）

接下来黑方王可向任何一翼易位，双方均势。

4. 象c4 c×b2 5. 象×b2（图88）

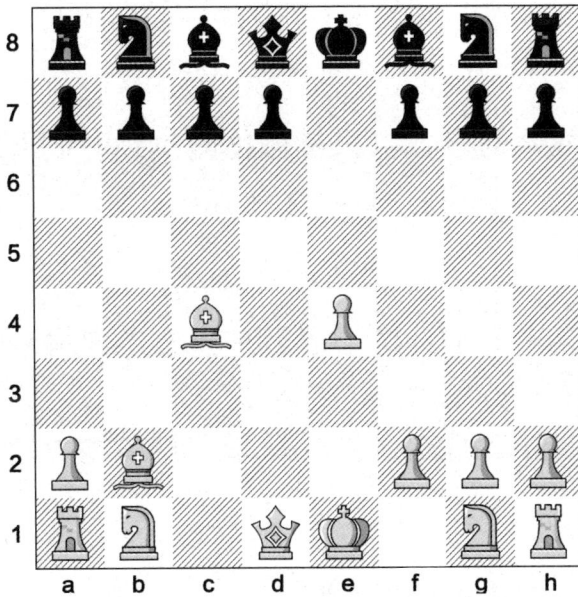

（图88）

5... 象b4

141

6. 马 d2　后 g5　7. 马 f3　后 ×g2　8. 车 g1　象 ×d2　9. 王 e2　后 h3　10. 后 ×d2（图 89）

双方的子力出动情况是令人吃惊的：白方出动了几乎所有的子力，而黑方只出动了一个后，而且它蜷缩在不利的位置上。尽管黑方多三兵，但是局面对黑方是不利的，因为黑方不能用相应的行动来对付白方的子力进攻。

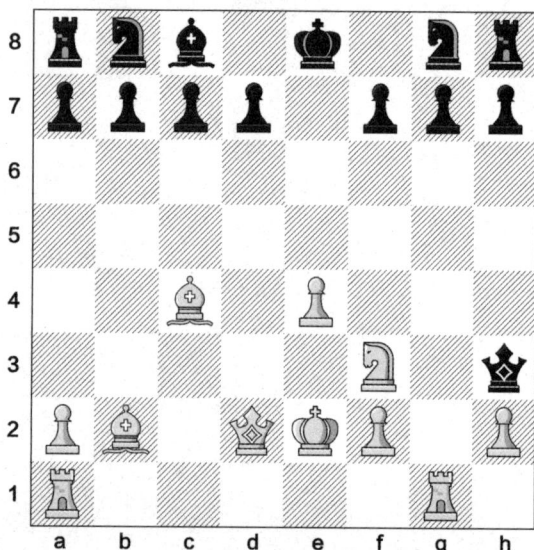

（图 89）

10... 马 f6　11. 象 ×f7　王 d8

黑方显然不能走 11…王 ×f7，因为白方可走 12. 马 g5，白马击双，抽将得后，黑方如果走 11 … 王 f8 也不好，因为白方可接着走 12. 后 g5，制造杀局。

12. 车 ×g7　马 ×e4

黑方即使走最好的棋，也只是拖延输棋的时间而已。

13. 后 g5！　马 ×g5　14. 象 f6

白胜。

在这个短小的棋局中，出子落后是黑方迅速失利的直接原因。

三、排兵布阵

对局双方各有 8 个兵，它们在开局第一步时就可走动。因此，开局的第三个基本原理就是排兵布阵。

由于兵只能往前走，不能左右走也不能后退。所以要下好开局，必须布置好兵阵。兵的位置应当尽量靠前（为己方的棋子占领空间），布置成能够活动的（不要被己方的棋子挡住去路，尤其是在中心和后翼）、可以协同作战的、没有弱化的阵形。

例如图90的局面中，因黑方中心和后翼的兵阵被封锁，黑方棋子的活动空间就显得局促。

图91的局面中，白方d2兵得不到邻近直线上己方兵的保护，白方阵营中c2、d3等重要白格也

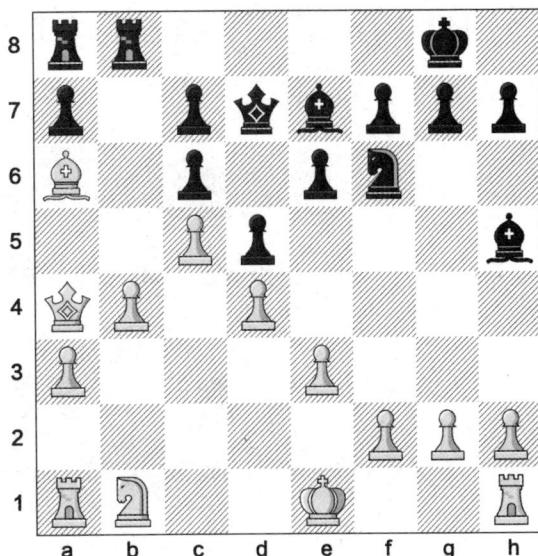

（图90）

得不到己方兵的保护。现在轮到白方走，白方试图驱离令他头痛的占据后翼的黑马。棋局接下来的变化是：

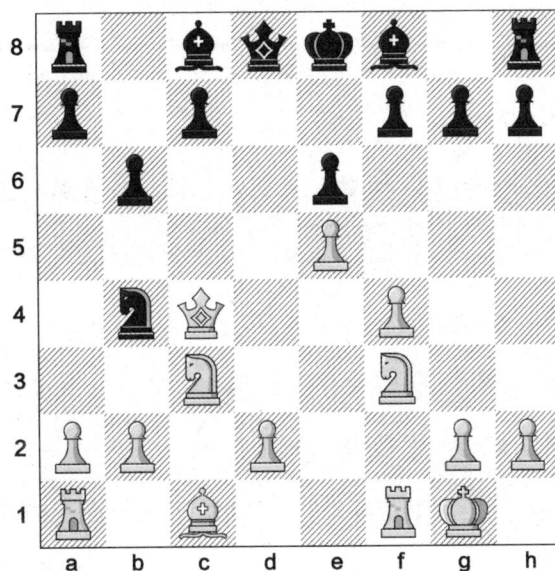

（图91）

1.a3 象a6 2.马b5 c6 3.a×b4 象×b5 4.后c3 c5

5. b×c5 象×c5

黑方得车，因此，白方失子失势并最终失败已是无可避免。

图92的局面中，白方兵阵散乱，1...车c8或1...0-0-0之后，局面对黑方十分有利。

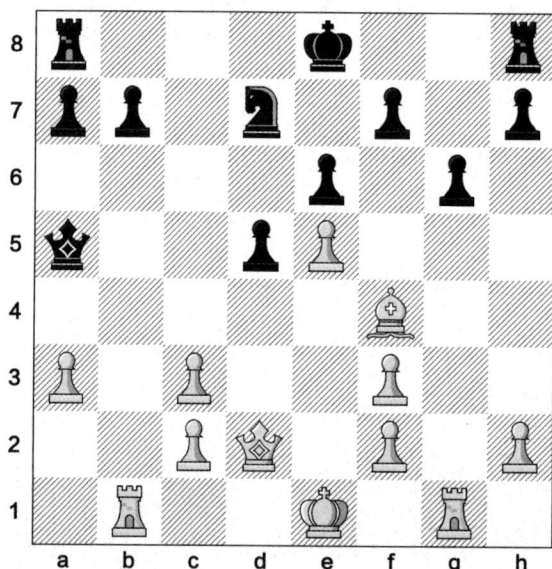

（图92）

随堂练习

1. 摆下面的棋谱，学习体会开局下法：

（1）1.e4 e5 2.马f3 马c6 3.象c4 马f6 4.d3 象e7 5.0-0 0-0 6.车e1 d6 7.a4 马a5 8.象a2 c5 9.马a3 a6 10.c3 象d7 11.b4 c×b4 12.c×b4 马c6 13.象d2 b5 14.a×b5 a×b5 15.马×b5 车b8 16.象c4 马×b4 17.象×b4 象×b5 18.象×b5 车×b5 19.象d2 后c7 20.车b1 车×b1，双方大致均势的局面。

（2）1.e4 e5 2.马f3 马c6 3.象b5 a6 4.象a4 马f6 5.0-0 象e7 6.车e1 b5 7.象b3 0-0 8.c3 d5 9.e×d5 马×d5 10.马×e5 马×e5 11.车×e5 c6 12.车e1 象d6 13.g3 象f5 14.d4 后d7 15.象e3 车ae8 16.马d2 象g4 17.后c2 象f5 18.后d1 象g4 19.后c2 象f5，和棋。

2. 加强实战练习，在自己的对局中练习学习过的开局。

答　案

第1课

1. 图（1）是世界国际象棋联合会会标。

图（2）是中国国际象棋协会会标。

2. 略。

3. 谢军、诸宸、许昱华、侯逸凡、谭中怡、居文君，共6位。

第2课

1.（1）a3, a7, b5, b6, c4, d2, d4, d5, d7, f3, f4, g3, g5, g6, h3, h4。

（2）a2, a5, a7, b2, b4, c1, c2, c4, d5, d6, e5, e7, f3, f4, f5, f8, g1, g6, h2, h3, h7, h8。

2. 略。

第3课

1.（1）白方：王e1，后a4，车a1、h1，马f3，象c1、f1，兵a3、b2、d3、e4、f2、g2、h2。黑方：王e8，后d7，车a8、h8，马c6，象e6、f8，兵a5、b7、c7、e5、f7、g7、h7。

（2）白方：王e1，后d1，车c1、h1，马f3、c3，象f4，兵a2、b2、d4、e3、f2、g2、h2。黑方：王e8，后d8，车a8、h8，马c6、f6，象e7，兵a6、b7、d5、e6、f7、g7、h7。

2. 略。

第4课

1.（1）白后能吃黑方的（e7象）、（g3马）或（g7兵），不能吃自己的（e3兵）、（h5兵）。黑后能吃白方的（c4兵）或（h5兵），不能吃自己的（f3兵）、（g7兵）、（e7象）及（f8车）。

（2）白车能吃黑方的（c3兵）或（g2象），不能吃自己的（h3兵）、（g6

兵）。黑车能吃白方的（e4兵）或（g7马），不能吃自己的（c7象）。

（3）白象能吃黑方的（f7兵）、（e4兵）或（c6马），不能吃自己的（b3兵）。黑象能吃白方的（d2车）或（f6马），不能吃自己的（h4兵）、（h6兵）。

2. 略

第5课

1.（1）白王能吃黑方的（e5象）或（g4车），不能吃自己的（f6兵）、（e6兵）。黑王能吃白方的（c4马）或（a4马），不能吃自己的（a3兵）、（c3兵）。

（2）白马能吃黑方的（e7车）、（d6兵）或（g7象），不能吃自己的（e3兵）、（g3兵）和（h4兵）。黑马能吃白方的（e3兵）、（d2车）或（b2象），不能吃自己的（b6兵）、（d6兵）。

（3）白兵能吃黑方的（e6车），不能吃自己的（g6兵）。黑兵能吃白方的（a3象），不能吃自己的（c3兵）。

2. 略。

第6课

1.（1）可以，因为黑方的兵从f7直接走到f5格。

（2）不可以，因为黑方的兵从f6格走到f5格，不是从原始位置出发。

（3）不可以，吃过路兵只在棋子兵之间发生。

2.（1）不可以，黑方兵向前挺进的g1格被白方的马封锁。

（2）可以，黑方可以通过1...fxe1消灭白方e1格的象完成升变。

第7课

1.（1）可以。

（2）不可以。

2.（1）不可以。

（2）可以。

第8课

1. 王，无价。后、车、象（马）、兵。

2.（1）可以，等价交换。

（2）可以。白方的后和车保护白方的象吃黑方的h7兵。

（3）不好。黑方可以用象消灭抵达e5格的白方棋子，用马换兵吃亏了。

（4）可以，用象换马，基本是等价棋子的交换。

第9课

1.（1）1.c7。

（2）白方应该走1.象g5，这样当黑方避将王走到g6之后，白方可以顺利消灭黑方的e6兵。

2.（1）黑方应该采取避将的方式，黑方的e5格象留下来看守b8格，防止白方兵顺利升变。

（2）黑方可以采取避将或用象走到c6格的垫将方式应对，采取消将方式1...axb5的走法，会帮助白马到b5，攻击黑方更多棋子。

第10课

1.（1）将杀。

（2）将军。

（3）将杀。

2.（1）1.车g8，白胜。

（2）1.车d8，白胜。

第11课

1.略。

2.（1）将军。

（2）将杀。

（3）将军。

（4）将杀。

第12课

1.略。

2.（1）不能。

（2）不能。

3. 符合。

第13课

1.（1）符合。

（2）不符合。

（3）符合。

2.（1）轮到黑方走，符合逼和要求；轮到白方走，不符合逼和要求。

（2）轮到黑方走，符合逼和要求；轮到白方走，不符合逼和要求。

（3）轮到黑方走，符合逼和要求；轮到白方走，不符合逼和要求。

第14课

1.（1）1.后 c7 王 f8 2.车 b8，白胜。

（2）1.车 a3 王 g4 2.车 b4 王 f5 3.车 a5 王 e6 4.车 b6 王 d7 5.车 a7 王 c8 6.车 h7 王 d8 7.车 b8，白胜。

2.（1）1.后 c6 王 f7 2.车 b7 王 f8 3.后 c8 白胜。

白方用后和车轮流控制横排线路，将黑方逼迫到底线实现将杀。

（2）1.后 h5 王 e6 2.王 e4 王 d6 3.后 d5 王 c7 4.王 e5 王 b6 5.王 d6 王 a7 6.王 c6 王 b8 7.后 d7 王 a8 8.后 b7 白方成功将杀黑王，白胜。

白方的策略是用后和王协同作战，将黑方的王逼到棋盘底线，最后实施将杀。

第15课

1. 白方占优。因为白方棋子的分值高于黑方。

2. 均势，双方棋子的分值相等，棋子的位置也差不多。

第16课

略。